Eerste hulp bij faalangst

Eerste hulp bij faalangst

Faalangsttraining voor jongeren van 10 tot 18 jaar

drs. Petra Lahr

drs. Daphne Rijkée

Houten 2017

© 2017 Bohn Stafleu van Loghum, onderdeel van Springer Media BV
Alle rechten voorbehouden. Niets uit deze uitgave mag worden verveelvoudigd, opgeslagen in een geautomatiseerd gegevensbestand, of openbaar gemaakt, in enige vorm of op enige wijze, hetzij elektronisch, mechanisch, door fotokopieën of opnamen, hetzij op enige andere manier, zonder voorafgaande schriftelijke toestemming van de uitgever.
Voor zover het maken van kopieën uit deze uitgave is toegestaan op grond van artikel 16b Auteurswet j° het Besluit van 20 juni 1974, Stb. 351, zoals gewijzigd bij het Besluit van 23 augustus 1985, Stb. 471 en artikel 17 Auteurswet, dient men de daarvoor wettelijk verschuldigde vergoedingen te voldoen aan de Stichting Reprorecht (Postbus 3060, 2130 KB Hoofddorp). Voor het overnemen van (een) gedeelte(n) uit deze uitgave in bloemlezingen, readers en andere compilatiewerken (artikel 16 Auteurswet) dient men zich tot de uitgever te wenden.

Samensteller(s) en uitgever zijn zich volledig bewust van hun taak een betrouwbare uitgave te verzorgen. Niettemin kunnen zij geen aansprakelijkheid aanvaarden voor drukfouten en andere onjuistheden die eventueel in deze uitgave voorkomen.

ISBN 978-90-368-1575-8
NUR: 770

Ontwerp basisomslag: Studio Bassa, Culemborg
Opmaak: Pre Press Media Groep, Zeist
Illustraties: Marcel Jurriëns

Bohn Stafleu van Loghum
Het Spoor 2
Postbus 246
3990 GA Houten

www.bsl.nl

Inhoud

Inleiding 7

1 Theoretische achtergronden training 9
   1.1 Faalangst 9
      1.1.1 Soorten faalangst 9
      1.1.2 Kenmerken van faalangst 11
      1.1.3 Comorbiditeit 13
      1.1.4 Diagnosticeren van faalangst 14
      1.1.5 Faalangst op school 14
   1.2 Het protocol 15
      1.2.1 Doelgroep 15
      1.2.2 Indicaties 15
      1.2.3 Contra-indicaties 15
      1.2.4 Keuze groepstraining of individuele training 16
      1.2.5 De therapeut 16

2 Individueel en groepsprotocol 17
   2.1 Werkwijze protocollen 17
      2.1.1 Algemene werkwijze individueel protocol 17
      2.1.2 Algemene werkwijze groepsprotocol 17
   2.2 De sessies 19
      2.2.1 Sessie 1 20
      2.2.2 Sessie 2 22
      2.2.3 Sessie 3 24
      2.2.4 Oudersessie 25
      2.2.5 Sessie 4 26
      2.2.6 Sessie 5 27
      2.2.7 Sessie 6 29
      2.2.8 Sessie 7 31

3 Werkboek individueel protocol 33

Bijlagen 85
Bijlage 1 Ken je faalangst 85
Bijlage 2 Tips voor ouders 86

Literatuurlijst 87

Over de auteurs 88

Inleiding

De training *Eerste hulp bij faalangst*

Iedereen heeft last van angst om te falen, maar niet iedereen heeft faalangst.

Faalangst is een veelvoorkomend probleem dat negatief ingrijpt in de ontwikkeling van mensen. Als orthopedagogen werden wij in het verleden vaak ingeschakeld bij jeugdigen bij wie de faalangst niet tijdig was erkend en er op meerdere vlakken problemen waren ontstaan. Tijdig erkende faalangst en een goede begeleiding kunnen zeer veel problematiek voorkomen. Dat is voor ons de drijfveer geweest om een gestructureerde en aansprekende training voor jongeren te ontwikkelen. Met name voor deze doelgroep is het belangrijk dat de behandeling aansluit op de belevingswereld van de jongeren zodat zij gemotiveerd blijven.

Voor u ligt een concreet draaiboek dat gebruikt kan worden voor jongeren van 10 tot 18 jaar. Het is in te zetten door therapeuten in de eerstelijnsgezondheidszorg voor zowel individuele begeleiding als voor groepsbegeleiding. Op scholen kan de training gegeven worden door opgeleide professionals op het gebied van faalangst.

In dit boek zijn de handleiding en het individuele werkboek opgenomen. Als extra ondersteuning zijn zowel het werkboek voor individuele behandelingen als ook een werkboek voor groepsbehandelingen online beschikbaar gemaakt via extras.springer.com.

> **Website**
> Het aanvullende materiaal bij dit boek is vindbaar op: http://extras.springer.com. Vul op deze website in het zoekveld *Search ISBN* het ISBN van het boek in: 978-90-368-1575-8.
> Let op: het is belangrijk om precies deze schrijfwijze aan te houden, dus met tussenstreepjes. De iconen in de marge (laptop) verwijzen naar deze extra's.

Wij wensen u veel plezier met het geven van de training!

1 Theoretische achtergronden training

1.1 Faalangst

Faalangst is een vorm van angst. Het is de angst dat je niet voldoet aan de gestelde verwachtingen. Twaalf procent van de schoolgaande jeugd heeft last van faalangst (Nieuwenbroek en Ruigrok, 2004). Faalangst is altijd gekoppeld aan een situatie met een bijbehorende taak. Het is afhankelijk per persoon waar de faalangst zich op richt. Aandacht voor de individuele gebieden, waar de faalangst zich op richt, is daarom belangrijk.

Volgens de DSM-5 is faalangst geen aparte stoornis, maar kan faalangst deel uitmaken van sociale angst of gegeneraliseerde angst (American Diagnostic Association, APA, 2013).

1.1.1 Soorten faalangst

Over het algemeen wordt een indeling van drie soorten faalangst gehanteerd, namelijk cognitieve, sociale en motorische faalangst. Deze drie vormen kunnen elkaar ook overlappen.

Jasper

Francien

Aischa

Cognitieve faalangst

> De leraar kondigt aan dat iedereen goed moet luisteren. Hij gaat iets nieuws uitleggen. Jasper schrikt. Nee hè, iets nieuws. Hij had net door hoe die vergelijkingen werken. Jasper krijgt het er warm van. De leraar stelt een vraag en kijkt de klas in. Jasper duikt snel weg achter Gijs. Wat vroeg hij nou eigenlijk? Roos beantwoordt de vraag. De leraar gaat verder met de uitleg. Zie je wel, denkt Jasper, ik begrijp er nu al niks van.

Jasper heeft cognitieve faalangst. Hij is bang dat hij de nieuwe lesstof die uitgelegd wordt niet zal begrijpen. Cognitieve faalangst heeft te maken met het leveren van een prestatie op leergebied. Berucht hierbij zijn toetsen en spreekbeurten. De angst voor het negatief presteren is zo groot, dat een mislukking bijna niet te vermijden is.

Sociale faalangst

> Francien is een leerling die goed mee kan komen. Op toetsen haalt ze vaak hoge cijfers. Ze heeft het moeilijker met het vinden van aansluiting bij andere kinderen in de klas. Als de kinderen voor schooltijd in groepjes staan te praten zondert Francien zich af, terwijl ze met vriendinnen uit de buurt altijd weet wat ze moet zeggen. In discussies of gesprekken zegt ze nooit veel. Als de leraar haar aanmoedigt om iets te vertellen, krijgt ze een kleur en zegt ze zachtjes een paar zinnen.

Francien haalt goede resultaten op haar toetsen. Toch heeft zij ook faalangst, namelijk sociale faalangst. Francien vindt het moeilijk om zich sociaal te handhaven op school. Een leerling met sociale faalangst heeft moeite met het omgaan met klasgenoten en/of de leraar.
Als mensen deel uitmaken van een groep willen ze graag erbij horen en gerespecteerd worden. Sociale faalangst komt voort uit de angst om afgewezen of negatief beoordeeld te worden door groepen die belangrijk zijn in het leven, zoals vrienden of klasgenoten.

Motorische faalangst

> De leerlingen van de brugklas voeren een groepsgesprek. Aisha is aan het vertellen. Uitgebreid vertelt ze over hoe zij denkt over de rol van de vrouw in de islam. Als Aisha uitgepraat is, gaat de bel. De klas heeft LO het volgende uur. Ze komt de gymzaal binnen en ziet dat de ringen al in positie hangen en ook de rekstok al klaar staat. Nee toch, geen turnen vandaag... De rest van haar klas kijkt blij. Maar Aisha kijkt verschrikt om en grijpt dan naar haar arm. Snel loopt ze met een pijnlijk gezicht naar de gymleraar. 'Mijnheer Pieters, dat was ik vergeten te vertellen. Van de week ben ik met de fiets gevallen. Nu doet mijn arm erg zeer. Ik kan echt niet turnen.'

Aisha verzint steeds smoesjes om niet mee te hoeven doen met de gymles. Lichamelijk mankeert ze niets, maar haar angst om fouten te maken is zo groot dat het haar niet meer lukt om lichamelijke oefeningen uit te voeren. Aisha heeft motorische faalangst. Motorische faalangst kan binnen de school bijvoorbeeld voorkomen bij LO, tekenen en handvaardigheid.

Bron: *Kinderen en... omgaan met faalangst* (Kwintessens Uitgevers, 2006)

1.1.2
Kenmerken van faalangst

De kenmerken waaraan faalangstige leerlingen herkend kunnen worden, zijn onder te verdelen in lichamelijke kenmerken en gedragskenmerken.

Lichamelijke kenmerken

Faalangstige kinderen zijn voor toetsen of andere momenten waarop gepresteerd moet worden, erg gespannen. Deze spanning kan lichamelijke klachten veroorzaken. Deze klachten nemen toe naarmate de spannende opdracht of situatie dichterbij komt en nemen na afloop weer af.
Aan de volgende lichamelijke kenmerken kunnen leerlingen met faalangst worden herkend:
- transpireren;
- trillen;
- hoofdpijn;
- buikpijn, maagpijn, misselijkheid, geen hap door de keel krijgen, overgeven;
- hyperventilatie, versnelde ademhaling;
- oppervlakkige ademhaling, adem inhouden;
- veel plassen en diarree;
- hartkloppingen;
- rode vlekken, blozen;
- overbeweeglijk zijn, friemelen en wiebelen, niet stil kunnen zitten;
- slecht slapen;
- stotteren;
- gespannen houding (bijvoorbeeld schouders omhoog);
- concentratieproblemen.

Lichamelijk kan faalangst zich bij het ene kind heel anders uiten dan bij het andere kind. Het ene kind kan alleen hoofdpijn hebben, terwijl het andere kind transpireert en hartkloppingen heeft. Natuurlijk kunnen aan bovenstaande lichamelijke reacties ook andere oorzaken dan faalangst ten grondslag liggen. Een kind dat misselijk is, kan ook een griepje hebben.

Gedragskenmerken

Naast de lichamelijke signalen zijn kinderen met faalangst ook te herkennen aan bepaalde gedragskenmerken. Uiteraard hoeft een leerling niet alle kenmerken te vertonen om zich faalangstig te voelen.

Faalangstige leerlingen:
- zijn stil, teruggetrokken en zonderen zich af;
- zijn agressief of brutaal;
- hangen de clown uit;
- stellen geen vragen of stellen juist gedetailleerde vragen;
- hebben veel behoefte aan feedback, maar accepteren moeilijk complimenten en zijn overgevoelig voor kritiek;
- vertonen vluchtgedrag. Ze vermijden opdrachten of verzetten zich ertegen;
- zijn onzeker. Bij nieuwe opdrachten wachten ze vaak eerst af hoe anderen het doen. Ze stellen het beginnen aan een nieuwe taak uit;
- kiezen een te gemakkelijke of juist een te moeilijke opdracht uit;
- maken veel negatieve opmerkingen over anderen en over zichzelf;
- zoeken het liefst grote groepen op waarin ze niet opvallen;
- hebben moeite met nee zeggen;
- duiken weg als de leraar een vraag aan de groep stelt;
- kijken tijdens de uitleg de leraar niet aan;
- hebben soms een *black-out* tijdens een opdracht of proefwerk;
- reageren gespannen en nerveus op onverwachte situaties;
- schrijven hun succes toe aan externe factoren (de toets was erg gemakkelijk, de meester heeft mij gematst) en hun falen wijten ze aan zichzelf;
- zitten lang aan hun huiswerk en leren veel uit hun hoofd, of ze starten juist op het laatste moment.

Bij toetsen en beurten zijn faalangstige leerlingen te herkennen doordat ze:
- veel om zich heen kijken;
- onrustig zijn;
- veel vragen stellen over wat ze moeten doen;
- later beginnen dan de anderen;
- met de moeilijkste opdrachten beginnen;
- chaotisch werken en snel in de war raken;
- na afloop van een opdracht niet in kunnen schatten of ze het goed of slecht hebben gedaan;
- huilen na afloop of tijdens een opdracht.

Zoals in bovenstaande opsommingen te zien is, uit faalangst zich op veel manieren. Bij een faalangstig kind denken veel mensen aan een stil, teruggetrokken kind. Faalangst kan bij een leerling echter ook leiden tot agressief en brutaal gedrag of tot clownesk gedrag. De ene leerling met faalangst probeert bijvoorbeeld alles perfect te doen, de ander probeert uitvluchten te verzinnen voor toetsen.
Biologisch gezien zal iedereen zijn angst proberen te verbergen voor de groep. Daardoor is faalangst soms lastig te herkennen.

1.1.3

Comorbiditeit

Faalangst wordt vaker geconstateerd bij mensen met dyslexie, dyscalculie of andere leerproblemen. De gedachte hierachter is, dat deze leerlingen deze faalangst ontwikkelen omdat zij ook daadwerkelijk falen in de ogen van school en lastig aan de norm kunnen voldoen. Zij hebben vaak commentaar gekregen op hun inzet. Dit speelt extra als een leerprobleem laat erkend wordt.
Het kan ook zo zijn dat een en ander meer complex is en dat deze comorbiditeit te maken heeft met factoren waar we vanuit de wetenschap nog geen volledig zicht op hebben.
In de praktijk zien we dat faalangst, dyslexie, dyscalculie, ADHD en ADD broertjes en zusjes van elkaar zijn. Extra oplettendheid van de therapeut is daarom van belang, omdat deze comorbiditeit van invloed kan zijn op het succes van de behandeling. Niet altijd zal bekend zijn dat er andere problemen spelen naast de erkende faalangst. Als therapeut zal je alert moeten zijn op mogelijke andere stoornissen. Bij het vermoeden ervan kan verdere diagnostiek geadviseerd worden aan ouders.
Comorbiditeit is niet automatisch een contra-indicatie voor het geven van de faalangsttraining. De begeleiding zal echter vaker individueel plaats vinden. De training kan dan naar inzicht van de therapeut worden aangepast. Voor dyslectische kinderen is er vrij veel tekst in het werkboekje. Als therapeut kun je bespreken wat een kind met dyslexie aan ondersteuning nodig heeft en reeds gebruikt in de klas. Voorlezen en hiervan een opname laten maken op de telefoon van het kind kan prettig werken met name bij hoofdstuk 1, dat veel theorie omvat.
Voor kinderen met ADHD of ADD is het plannen en organiseren, dat in sessie 4 aan bod komt, vaak extra lastig maar ook een mooie kans om hier wat meer aan te werken en in de sessies erna actief toe te passen. Hier kun je als therapeut aanvullende oefeningen inzetten en meer praktisch aan de slag te gaan. De huidige smartphones bieden heel veel mogelijkheden die nog niet altijd worden ingezet door kinderen.

1.1.4
Diagnosticeren van faalangst

Soms blijkt uit het verhaal van de betrokkenen een duidelijk beeld van faalangst. Diagnostiek blijft echter belangrijk. Hiermee kan getoetst worden of het beeld dat de betrokkenen hebben inderdaad klopt en kan een onderscheid gemaakt worden tussen gezonde spanning, faalangst of andere angstproblematiek. Een diagnostisch gesprek in combinatie met het inzetten van testen vormt de juiste basis voor behandeling.

Voor het diagnosticeren van faalangst is een aantal testen verkrijgbaar. Wij gebruiken de Prestatie Motivatie Test (PMT) en/of de Schoolvragenlijst (SVL). Daarnaast is er de SSAT Situatie Specifieke Angst Test en een aantal zelfevaluatie- instrumenten. De PMT wordt uitgegeven door Pearson en meet drie persoonlijkheidskenmerken die grotendeels bepalend zijn voor de productiviteit en de houding ten opzichte van werk. De PMT bevat de schalen:
- prestatiemotief;
- positieve faalangst;
- negatieve faalangst.

De PMT is geschikt voor personen vanaf 16 jaar. Voor kinderen is er de PMT-K, die tevens de sociale wenselijkheid meet.
Daarnaast is de SVL ook geschikt tijdens het diagnostisch proces. Deze wordt ook uitgegeven bij Pearson en geeft informatie over de volgende schalen:
- motivatie (leertaakgerichtheid, concentratie in de klas en de huiswerkattitude);
- welbevinden of de sociaal-emotionele houding (plezier op school, het sociaal aanvaard voelen van de leerling en de relatie met leerkrachten);
- zelfvertrouwen (uitdrukkingsvaardigheid, zelfvertrouwen bij het maken van proefwerken en sociale vaardigheid).

Daarnaast wordt bekeken hoeveel vragen de leerling heeft overgeslagen, hoeveel vragen de leerling met 'weet niet' heeft beantwoord en in hoeverre de leerling de neiging heeft zichzelf in een (onrealistisch) gunstig daglicht te stellen (sociale wenselijkheid).

De SVL kan worden afgenomen bij leerlingen van groep 6, 7 en 8 van het basisonderwijs en klas 1, 2 en 3 van het voortgezet onderwijs.

1.1.5
Faalangst op school

Veel scholen bieden tegenwoordig faalangstbegeleiding binnen het reguliere onderwijs. Docenten, schoolpsychologen en externe therapeuten geven groeps- en individuele trajecten, allen gericht op het onder controle krijgen van faalangst. Hoewel sommige scholen in het onderwijsproces rekening houden met individuele leerlingen met faalangst, zijn er geen wettelijke regelingen die dat verplichten, zoals bij dyslexie en dergelijke. Veel leerlingen met faalangst hebben baat bij het maken van een toets in een aparte ruimte. Leerlingen met angst voor een presentatie helpt het als zij de presentatie voor een kleiner groepje kunnen doen. Elke leerling heeft unieke wensen om minder last te hebben van faalangst. Als therapeut kun je deze behoeften in kaart brengen en de samenwerking met school stimuleren. Ook school heeft er belang bij dat leerlingen goed presteren en onze ervaring is dat zij graag meedenken in wat er mogelijk is voor de individuele leerling.

1.2
Het protocol

De training heeft een logische opbouw. Tijdens de eerste sessie zijn deelnemers erg nerveus en is er gekozen voor een veilige theorieles. Na de tweede sessie wordt gestart met een opdracht waar veel adolescenten weerstand tegen hebben. We hebben hier echter bewust voor gekozen, omdat veel deelnemers later aangeven baat te hebben bij deze oefeningen. We bespreken dit ook op deze manier met de deelnemer(s). De training 'Eerste hulp bij faalangst' is gebaseerd op de cognitieve gedragstherapie. Het start met psycho-educatie over angst, waarna direct tools worden aangereikt om de lichamelijke reactie van angst de baas te worden door middel van ontspanning. Hierna wordt de cognitieve gedragstherapie geïntroduceerd door middel van de vier G's (gebeurtenis, gedachte, gevoel, gedrag). De ervaring leert dat deze methoden makkelijk worden opgepakt door adolescenten en eenvoudig te integreren is in het dagelijks leven. In het opbouwen van het zelfvertrouwen is bewust gekozen te werken aan een realistisch zelfbeeld. Een focus op alleen kwaliteiten geeft een vertekend zelfbeeld. Leerlingen met faalangst zijn gebaat bij meer zelfkennis en zelfwaardering.

Het aanleren van vaardigheden is werkzaam bij angstreductie. Omdat de meeste jeugdigen die deelnemen aan de training last hebben van cognitieve faalangst, is er een sessie gewijd aan het leren studeren. Daarnaast krijgen de jeugdigen presentatievaardigheden aangeleerd. Memory Lane in sessie 6 is gebaseerd op de techniek 'Ankeren' vanuit het neurolinguïstisch programmeren.

1.2.1
Doelgroep

De groeps- en individuele training is geschreven voor leerlingen van 10 tot 18 jaar met een diagnose faalangst die is opgesteld door een deskundige. De training vraagt om een bepaald intelligentieniveau. Een deelnemer wordt geacht te kunnen lezen, opdrachten te kunnen maken en te reflecteren. Wij hebben ervaren dat de lesstof geschikt is vanaf VMBO beroepsonderwijs tot en met het VWO, maar er dient per deelnemer een afweging gemaakt te worden, rekening houdend met de indicaties en contra-indicaties.

1.2.2
Indicaties

- Er is sprake van faalangst.
- Deelnemer is gemotiveerd.
- Deelnemer kan praktisch deelnemen en de gehele training afronden.

1.2.3
Contra-indicaties

- Een zeer lage intelligentie.
- Deelnemer is niet in staat tot zelfreflectie (bijv. bij autismespectrumstoornissen (ASS) of een lager IQ).
- Aanwezigheid van angststoornissen. Veel van de aangeboden oefeningen kunnen ook ingezet worden bij angststoornissen, maar deze hebben andere begeleiding nodig.

- Ook een diepliggend trauma van waaruit faalangst is ontstaan vraagt om andere begeleiding, bijvoorbeeld EMDR (eye movement desensitization and reprocessing).

1.2.4
Keuze groepstraining of individuele training

Veelal zal de keuze tussen een groepstraining of een individuele training van praktische aard zijn. In een zelfstandige praktijk is er vaak onvoldoende vraag naar een faalangsttraining om een groep te vormen. Binnen afzienbare tijd starten, ten opzichte van wachten op voldoende aanmeldingen, heeft dan meestal de voorkeur. Een groepstraining biedt het voordeel dat deelnemers leren van elkaar. In een individuele training is meer aandacht voor de specifieke behoefte van een deelnemer.

Bij het samenstellen van een groep dient een zorgvuldige afweging gemaakt te worden. Kinderen met ASS-problematiek kunnen deelnemen indien zij voldoende sociale vaardigheden hebben en zij zich in een groep kunnen handhaven.

Kinderen met ernstige gedragsproblemen kunnen de groep dusdanig beïnvloeden, dat een veilig werkklimaat onder druk komt te staan. Dit geldt ook voor kinderen die een zeer lage motivatie voor deelname aan de groep hebben en de neiging hebben zich af te zetten. Tot slot kan persoonlijkheidsproblematiek een reden zijn om te kiezen voor individuele begeleiding.

1.2.5
De therapeut

De training kan gegeven worden door therapeuten en coaches met een gedegen (na)scholing op het gebied van faalangst. Daarnaast dienen zij kennis en vaardigheden te bezitten op het gebied van de cognitieve gedragstherapie. Naast de gebruikelijke grondhouding van een therapeut, vraagt het werken met de leeftijdsgroep 10- tot 18-jarigen om affiniteit en interesse in deze leeftijdsgroep. Als therapeut kun je daardoor beter aansluiten bij de belevingswereld en meer resultaat bereiken. Voor kinderen met faalangst is het daarbij extra belangrijk dat er een veilige werkrelatie tot stand komt.

2 Individueel en groepsprotocol

2.1 Werkwijze protocollen

2.1.1 Algemene werkwijze individueel protocol

In het voortraject (zie paragraaf 1.1.4) is de diagnose faalangst gesteld en is de keus voor een individuele training gemaakt. Er is dan al persoonlijk kennis gemaakt met de jeugdige cliënt.
Deelnemers krijgen het werkboekje 'Individueel protocol' tijdens de eerste sessie uitgereikt en dienen dit elke keer mee te nemen. Het werkboekje is te downloaden via www.extras.springer.com. In principe komt de jeugdige alleen. Na de derde bijeenkomst vindt er een sessie plaats voor ouders.
Sessies duren een uur en vinden wekelijks of eenmaal per twee weken plaats.
De cliënt krijgt huiswerk mee, maar er wordt naar gestreefd om zoveel mogelijk tijdens de sessie in te vullen.

Elke week start de sessie de volgende vragen:
- Hoe is het met je?
- Heb je last gehad van faalangst?
- Waar ben je trots op?

Indien cliënten aangeven dat ze de afgelopen periode last hebben gehad van faalangst, wordt na de tweede sessie gevraagd wat ze hebben gedaan om de zenuwen de baas te worden. De trainingsonderdelen worden op deze manier eigen gemaakt. Sommige cliënten geven elke week aan dat ze geen last hebben gehad van faalangst. In dit geval kan het ingevulde blad 'Ken je faalangst' hierbij helpen.
De therapeut kan de leesteksten samenvatten en de cliënt stimuleren de tekst thuis door te nemen. Het werkboekje bestaat niet uit losse oefeningen, maar is geschreven als zelfhulpboek.

2.1.2 Algemene werkwijze groepsprotocol

In het voortraject (zie paragraaf 1.1.4) is de diagnose faalangst gesteld en is er voor een groepstraining gekozen. Er is dan al persoonlijk kennis gemaakt met de jeugdigen.
Deelnemers krijgen het werkboekje 'Groepsprotocol' tijdens de eerste bijeenkomst uitgereikt en dienen dit elke keer mee te nemen. Het werkboekje is te downloaden via www.extras.springer.com.
De jeugdigen komen alleen naar de training. Sessies duren 1,5 uur inclusief 10 minuten pauze. Na de derde sessie vindt een ouderavond plaats.

De sessies kunnen plaatsvinden in een ruimte waar gekozen kan worden voor een groepsopstelling. Er dient minimaal een whiteboard aanwezig te zijn.

Wij gaan uit van 1 trainer per 4 cliënten. In de ideale situatie nemen bij een training maximaal 8 cliënten deel aan de sessies.

De cliënten krijgen huiswerk mee, maar er wordt naar gestreefd om zoveel mogelijk tijdens de sessies in te vullen.

Juist voor cliënten met faalangst is het belangrijk dat er ruim de tijd wordt genomen voor het opbouwen van een veilig werkklimaat. Cliënten dienen vrijuit hun twijfels en onzekerheden uit te spreken in de groep. Het maken van werkafspraken tijdens de eerste bijeenkomst is hierbij essentieel.

Cliënten leren van elkaar door de herkenning en door de tips van anderen. Dit is een voordeel ten opzichte van een individuele training. Plan hier tijd voor in.

Elke week start de bijeenkomst met de volgende vragen:
- Hoe is het met je?
- Heb je last gehad van faalangst?
- Waar ben je trots op?

Begrens de tijd, zodat iedereen kort aan de beurt komt. Indien cliënten aangeven dat ze last hebben gehad van faalangst, wordt na de tweede bijeenkomst gevraagd wat ze hebben gedaan om de zenuwen de baas te worden. Laat anderen aanvullen. De trainingsonderdelen worden op deze manier eigen gemaakt.

Sommige cliënten geven elke week aan dat ze geen last hebben gehad van faalangst. In dit geval kan het ingevulde blad 'Ken je faalangst' hierbij helpen.

De therapeut kan de leesteksten samenvatten en de cliënten stimuleren de tekst thuis door te nemen. Het werkboekje bestaat niet uit losse oefeningen, maar is geschreven als zelfhulpboek.

2.2 De sessies

Deze handleiding helpt u bij het voorbereiden van de sessies van de training 'Eerste hulp bij faalangst'. De sessies zijn gestructureerd opgezet om de therapeut en de cliënt houvast te geven. Als u meer vertrouwd bent geworden met de training, kunt u ook eigen oefeningen toevoegen.

De handleiding is geschreven voor het individuele protocol en geeft tips en aanvullingen voor het groepsprotocol. Er zijn twee verschillende werkboekjes; één voor de groep en één voor individuele sessies.

2.2.1

Sessie 1

Ken je faalangst

Doel
- Opbouwen werkrelatie
- Kennis vergroten (faal)angst
- Persoonlijke doelen vaststellen en vergroten eigen verantwoordelijkheid

Materiaal
- Werkboekje
- Werkblad 'Ken je faalangst'

Beginfase
De eerste sessie kan gebruikt worden om de testuitslagen kort toe te lichten aan de cliënt, indien dit nog niet eerder is gebeurd. De motivatie voor deelname wordt besproken en eventueel verhoogd. De verwachtingen worden getoetst en eventueel bijgesteld. Jeugdigen die deze training volgen hebben extra behoefte aan duidelijkheid. Schets de komende periode en neem de training door aan de hand van de inhoudsopgave.

Maak een start door het lezen van het werkboekje.

Werkblad: Wat is faalangst?
Laat de cliënt zelfstandig aankruisen wat van toepassing is op zichzelf. Deze lijst geeft de cliënt meer inzicht in hoe faalangst zich kan uiten en geeft de mogelijkheid tot het voeren van een gesprekje over hetgeen de cliënt ervaart.

Werkblad: Angst
Laat de cliënt eens goed nadenken en ervaren wat deze voelt bij angst. Probeer terug te laten gaan naar een spannende ervaring van de cliënt. Dit hoeft niet perse een faalangstervaring te zijn. Sommige cliënten vinden dit lastig en je kunt hierbij helpen door de achtbaan of een spannende film te benoemen. Het gaat bij dit werkblad om de lichamelijke reacties van angst, zoals zwetende handen, trillen en een bonzend hart.

Achtergrondinformatie over faalangst
Probeer na elk subkopje de tekst samen te vatten en controleer aan de hand van vragen of de achtergrondinformatie begrepen wordt.
Geef vooral ook ruimte aan de cliënt om eigen ervaringen te vertellen als daar behoefte aan is.

Ken je faalangst
Het ingevulde formulier van Wesley Jansen wordt doorgenomen. De cliënt krijgt een leeg exemplaar van het werkblad mee om thuis in te vullen.

Huiswerk voor sessie 2
- Doorlezen achtergrondinformatie van sessie 1
- Invullen werkblad 'Ken je faalangst'

> **Handreiking groepstraining**
> Kies een werkvorm om een veilig groepsklimaat te creëren. Zie hiervoor ook paragraaf 2.1.2 'Algemene werkwijze groepsprotocol'.
>
> Extra materiaal:
> - evt. naambordjes

2.2.2
Sessie 2

Ontspanning

Doel
- Inzicht geven in soorten ademhaling (borst, flank en buik)
- Aanleren buikademhaling
- Manieren om te ontspannen uitbreiden

Materiaal
- Ballonnen
- Eventueel een yogamatje of behandeltafel

Begin
Start de sessie met de volgende vragen:
- Hoe is het met je?
- Heb je last gehad van faalangst?
- Waar ben je trots op?

Bespreken huiswerk/herhalen lesstof
Voor een effectieve aanpak van faalangst is het noodzakelijk dat de cliënt begrijpt wat spanningen met het lijf doen. Herhaal de achtergrond informatie uit sessie 1 op een interactieve manier en herhaal dit elke sessie tot je zeker weet dat de cliënt de theorie begrijpt.
Neem het ingevulde werkblad 'Ken je faalangst' door en vul eventueel aan. Vertel dat je het werkblad als therapeut bewaart en regelmatig raadpleegt om te bekijken of het leerproces goed verloopt. Aan het eind van de training krijgt de cliënt het werkblad terug en kan dan zelf zien of er iets veranderd is.

Achtergrondinformatie: Wat is ontspanning?
Lees of vertel over het stukje ontspanning.

Werkblad: Waar heb jij last van?
Laat de cliënt op het lijstje aankruisen waar zij regelmatig last van heeft. Bespreek hierna de lichamelijke klachten. Zijn er ernstige en/of zorgelijke lichamelijke klachten die nog niet uit de intake bekend waren, vraag dan goed uit en overweeg of er aanvullende acties ondernomen moeten worden.

Achtergrondinformatie: Ademhalen
Lees of vertel over de informatie over ademhalen. Doe de onderstaande oefeningen na ieder bijbehorend stukje tekst.

Borstademhaling
Laat de cliënt meerdere borstademhalingen uitvoeren en laat ervaren hoe dat voelt. Bij diepe borstademhalingen voel je je licht in je hoofd.

Flankademhaling
De ademhaling die we normaal gesproken gebruiken, is de flankademhaling. Kijk of de cliënt deze ook daadwerkelijk in ontspannen toestand gebruikt. Deze ademhaling is nodig om je bloed goed door je lijf te pompen. De nek- en schouderspieren blijven ontspannen. Indien de flankademhaling niet gebruikt wordt door de cliënt, wordt er geoefend. Bij een goed gebruik, wordt de cliënt gecomplimenteerd.

Werkblad: Buikademhaling
Een buikademhaling helpt je ontspannen. De buikademhaling gebruik je niet de hele dag. Iedereen kan het echter. Door deze ademhaling krijgt je lichaam het signaal dat je kunt ontspannen. Het is dus een mooie manier om je lichaam opdracht te geven om rustig te worden. Na het uitvoeren van drie diepe buikademhalingen, zakken de stresshormonen in je lichaam.

Aanleren buikademhaling:
- Laat de cliënt recht op een stoel zitten met beide voeten op de grond of laat de cliënt liggen indien hiervoor een mogelijkheid is. Laat de cliënt de handen op de onderbuik leggen, met de vingertoppen tegen elkaar. Door het bewegen van de spieren kan de cliënt eerst de handen laten bewegen. Laat de buikspieren aan- en ontspannen. Dezelfde spieren gaan bewegen bij een buikademhaling maar dan door lucht die ingeademd wordt. Doe voor als therapeut.
- Nu oefent de cliënt de buikademhaling. Bij een goede buikademhaling komen de vingertoppen uit elkaar.

Kijk in hoeverre de buikademhaling beheerst wordt. Geef zo veel mogelijk advies hoe de cliënt deze ademhaling beter kan leren beheersen. Een dik boek op de onderbuik kan behulpzaam zijn indien er een mogelijkheid is om te liggen.
Als de cliënt de buikademhaling beheerst, kunt u ervoor kiezen om een ballon op te blazen en op een harde stoel te plaatsen. De cliënt kan bij een goede buikademhaling op de ballon zitten. Samen oefenen zorgt voor een positieve dynamiek tijdens de sessie.

Achtergrondinformatie: Sporten
Lees of vertel over 'Sporten' en 'Andere manieren van ontspannen'. Laat de cliënt de opdracht maken 'Wat voor jou ontspannend werkt'.

Ontspanningsoefeningen
Bespreek de ontspanningsoefeningen en laat de cliënt twee ontspanningstips kiezen om mee te oefenen.

Huiswerk
- Doorlezen achtergrondinformatie van sessie 2
- Oefen elke dag met de buikademhaling volgens het stappenplan. De cliënt kan een stap verder indien de stap ervoor beheerst wordt
- Oefen met de twee gekozen ontspanningstips

Handreiking groepstraining
Bij het herhalen van de lesstof van sessie 1 kan een quiz, waarbij de trainer of de deelnemers zelf vragen bedenken, zorgen voor een dynamische groepssfeer. Het oefenen van de buikademhaling in een groep zorgt bij veel cliënten voor spanningen. Humor, inlevingsvermogen en daadkracht van de therapeut zorgen ervoor dat iedereen aan de slag gaat.

2.2.3
Sessie 3

Mijn denken de baas

Doel
- Realistisch leren denken
- Veranderen van gevoel en gedrag

Materiaal
- Whiteboard

Begin
Start de sessie met de volgende vragen:
- Hoe is het met je?
- Heb je last gehad van faalangst?
- Zo ja, wat heb je eraan gedaan?
- Waar ben je trots op?

Bespreken huiswerk/herhalen lesstof
Vraag naar de ervaringen bij het oefenen. Welke stappen uit het stappenplan heeft de cliënt kunnen doen en wat zijn de ervaringen. Neem een paar minuten de tijd om beiden de buikademhaling toe te passen. Kijk mee of het voor de cliënt lukt en geef eventueel tips.

Achtergrondinformatie: De 4-G methode
Lees of vertel over het stukje 'De 4-G methode' (gebeurtenis, gedachte, gevoel, gedrag). Zoals eerder vermeld gaan we ervan uit dat de sessies worden gegeven door een therapeut met kennis van de cognitieve therapie.
De eerste oefening wordt tijdens de sessie samen gemaakt. De aanvullende uitleg van de G-begrippen wordt pas na deze oefening gegeven. Dit is bewust gekozen. De moeilijkheid van deze begrippen wordt pas ervaren indien er geoefend is. De tweede oefening wordt ook tijdens sessie gemaakt en maakt de cliënt zelfstandig. Verzeker uzelf ervan dat de cliënt de begrippen niet door elkaar haalt.

Werkblad: 4-G's
In totaal zijn er 4 schema's die ingevuld kunnen worden. Meestal is er tijd genoeg tijdens deze sessie om er samen één geheel in te vullen. Voor veel cliënten is het erg lastig om thuis een gebeurtenis te kiezen. U kunt ze alvast samen opschrijven. Gebruik de informatie van het werkblad 'Ken je faalangst' als de cliënt geen inspiratie heeft.

Huiswerk
- Doorlezen achtergrondinformatie van sessie 3
- Maak de overgebleven G-schema's

> **Handreiking groepstraining**
> Bij het zelfstandig maken van de 4-G schema's, is individuele aandacht belangrijk om u ervan te verzekeren dat iedereen de schema's juist invult. Er is voldoende tijd om rond te lopen als trainer en individuele tips te geven.

2.2.4
Oudersessie

De oudersessie staat binnen het protocol ingepland na de derde sessie met de jeugdige. Er is dan een werkrelatie met de jeugdige opgebouwd en de eerste technieken om faalangst aan te pakken zijn behandeld. Indien dit niet past in de planning, kan er ook voor een ander moment gekozen worden.

In het eerste gedeelte wordt uitleg gegeven over wat faalangst is en welke vormen er zijn. De lesstof van sessie 1 uit het werkboekje kan hiervoor gebruikt worden. Veel ouders hebben vragen over de oorzaak van faalangst. Leg uit dat er geen eenduidige oorzaak is, maar dat een combinatie van aanleg en ervaringen kan leiden tot faalangst.

Geef kort weer hoe u de eerste sessie hebt ervaren en wat de cliënt typeert. Hierna wordt een korte samenvatting gegeven over wat de leerlingen leren tijdens de training. Per sessie wordt uitgelegd wat de leerlingen leren en waarom ze het leren. Tevens wordt besproken hoe ouders hier thuis op kunnen inspelen.

Tijdens het tweede gedeelte krijgen de ouders een hand-out met hierin tips voor thuis. Deze hand-out is als bijlage toegevoegd en kunt u printen. Dit document geeft aanknopingspunten voor een gesprek. Waar lopen ouders tegenaan en hoe lossen ze dit nu op?

Tegen het einde van het gesprek wordt afgesproken hoe de afronding van de training zal plaatsvinden. Hebben ouders behoefte aan een afspraak, of wordt er telefonisch geëvalueerd? Vindt er nog een terugkomsessie met de jeugdige (en ouders) plaats, of nemen de ouders contact op indien nodig?

> **Handreiking groepstraining**
> Tijdens het tweede gedeelte, waarin de ouders een hand-out krijgen, is er ruimte voor een groepsdiscussie. Waar lopen ouders tegenaan en hoe lossen anderen dat op?
> Tijdens de ouderavond is er geen ruimte om per cliënt te bespreken wat de trainer heeft opgemerkt.

2.2.5
Sessie 4

Relaxed studeren kun je leren

Doel
- Bewustwording van metacognitieve studievaardigheden
- Studievaardigheden verbeteren
- Positief denken over school
- Studiegedrag in kaart brengen
- Op vaste momenten huiswerk maken

Materiaal
- Geen aanvullende materialen nodig

Begin
Start de sessie met de volgende vragen:
- Hoe is het met je?
- Heb je last gehad van faalangst?
- Zo ja, samen een 4-G schema hiervan maken?
- Waar ben je trots op?

Bespreken huiswerk/herhalen lesstof
Bespreek de G-schema's die thuis gemaakt zijn. Doe eventueel samen een extra voorbeeld op het bord.

Achtergrondinformatie: Gedachten over school
Lees of vertel over het stukje 'Gedachten over school'. De oefeningen worden tijdens de sessie gemaakt. De oefening 'Helpende gedachten over school', geeft helpende gedachten die soms vanzelfsprekend lijken maar voor de cliënt een eyeopener kunnen zijn. Sta stil bij de gedachten die zij aankruisen.
Het eerste gedeelte van sessie 4 gaat over positief denken over school. Het tweede gedeelte start bij 'Plannen is vooruit kijken' en gaat over 'leren leren'. Ook hier wordt de geschreven tekst steeds doorgenomen en worden de oefeningen gemaakt tijdens de sessie. Alleen het weekschema wordt thuis gemaakt en tijdens de sessie uitgelegd.

Huiswerk
- Vul het weekschema per dag in
- Leer op jouw vaste tijdstip en bouw routine in

> **Handreiking groepstraining**
> In sessie 4 kan je van de groep verwachten dat ze elkaar gaan coachen en het geleerde in de training kunnen benoemen, om anderen te helpen.

2.2.6
Sessie 5

Positief denken over jezelf

Doel
- Vergroten van zelfkennis
- Positief denken over jezelf

Materiaal
- Gekleurde pennen
- Optioneel: Spiegel jezelf spel (www.spiegel-jezelf-spel.nl)

Begin
Start de sessie met de volgende vragen:
- Hoe is het met je?
- Heb je last gehad van faalangst?
- Zo ja, wat heb je eraan gedaan?
- Waar ben je trots op?

Bespreken huiswerk/herhalen lesstof
Neem het ingevulde weekschema door met de cliënt. Als het goed is, heeft de cliënt de tijd voor ontspanning en huiswerk per dag uitgerekend. Dit wordt besproken. Aan de hand van het hierop volgende gesprek, vult de cliënt in wat deze wil veranderen in de weekindeling. Vraag de cliënt of zij zich als actief of passief faalangstig heeft bestempeld en laat het goede voornemen hierbij aansluiten.
Ga na of het de cliënt is gelukt om op een vast moment te studeren. Veranderen van gedrag is lastig. Bespreek hoe het toch lukt om je aan je voornemen te houden.

Achtergrondinformatie: Positieve eigenschappen
Lees of vertel over het stukje 'Positieve eigenschappen'. De oefeningen worden tijdens de sessie gemaakt.

Extra optie
Het 'Spiegel jezelf spel' is een kwaliteitenspel en een leuke manier om te werken met positieve eigenschappen tijdens de sessie. Er zijn meerdere spelvarianten mogelijk. Zie hiervoor de handleiding in het doosje of op www.spiegel-jezelf-spel.nl.

Achtergrondinformatie: Valkuilen
Lees of vertel over het stukje 'Valkuilen'. De oefeningen worden tijdens de sessie gemaakt.

Huiswerk
De cliënt gaat in de eigen omgeving zijn of haar positieve eigenschappen verzamelen. Laat de cliënt alvast minimaal drie mensen kiezen aan wie ze dit gaat vragen. Deze namen schrijft ze in het boekje. De instructie hiervoor zit als voorbeeld in het werkboekje.
De laatste oefening van deze sessie is geen huiswerk, maar vul je samen tijdens de volgende sessie in.

Handreiking groepstraining

Deze bijeenkomst wijkt iets meer af dan de eerdere bijeenkomsten. Het werkboekje wijst echter zichzelf.

Een belangrijk verschil is dat er in het groepswerkboekje geen oefening is toegevoegd voor het bepalen van je valkuilen. U kunt als therapeut ervoor kiezen om deze oefening wel aan te bieden indien de groepsdynamiek en de tijd dit toelaten. Daarnaast wordt er gebruikgemaakt van de groep om kwaliteiten te verzamelen. Dit kan op meerdere manieren. Het 'Spiegel jezelf spel' is reeds als optie genoemd.

Een andere mogelijkheid is het inzetten van een A-4tje. Geef elke leerling een blanco blaadje. Laat ieder bovenaan zijn of haar naam schrijven. De deelnemers geven de blaadjes met de klok mee aan de buurman. Ieder schrijft een positieve eigenschap op het blaadje die past bij de eigenaar. Het leukste is als de deelnemers niet van elkaar zien wat ze schrijven. Dit kan door te starten met het schrijven onderaan de pagina en vervolgens het blaadje om te vouwen over de geschreven tekst, als een harmonica, alvorens het blaadje door te geven.

Extra materiaal: 1 A4-blaadjes per persoon

2.2.7
Sessie 6

Ik ben de baas over mijn gedachten

Doel
- Positief denken internaliseren
- Meerdere psychologische technieken om het welbevinden te vergroten

Materiaal
- Optioneel: EigenWijsjes (www.dubbelzes.nl)

Begin
Start de sessie met de volgende vragen:
- Hoe is het met je?
- Heb je last gehad van faalangst?
- Zo ja, wat heb je eraan gedaan?
- Waar ben je trots op?

Bespreken huiswerk/herhalen lesstof
Neem met de cliënt de positieve eigenschappen door die deze gekregen heeft van anderen en vul samen het werkblad 'Mijn positieve eigenschappen' in.

Werkblad: Meerdere positieve gedachten
Lees samen de instructie. Bij deze opdracht is de therapeut alert op de negatieve gedachte die wordt ingevuld. Bij voorkeur begint deze gedachte met: ik. Belangrijk is dat het gedachten zijn en geen feiten. 'Ik heb mijn repetitie niet geleerd' is een feit en dit is lastig te beïnvloeden door positief te denken.
Als therapeut formuleert u ook positieve gedachten. U brengt hiermee de cliënt letterlijk op andere gedachten. Als alle velden zijn ingevuld, kiest de cliënt de gedachten die het meest helpen.

Extra optie
De EigenWijsjes zijn kaartjes met positieve gedachten erop. Deze kunnen ondersteunen bij het invullen van het werkblad 'Meerdere positieve gedachten'. Er zijn meerdere manieren mogelijk om gebruik te maken van deze kaartjes. Zie hiervoor de handleiding in het doosje of op www.dubbelzes.nl.

Achtergrondinformatie
De leesstof over 'Memory Lane' wordt doorgenomen. Laat hierna de cliënt een positieve herinnering in gedachte nemen.

Lees voor terwijl de cliënt comfortabel zit.

Doe je ogen dicht en neem eens de tijd om het beeld van je herinnering duidelijk terug te halen. In gedachten ga je terug naar de dag waarop je het fijne moment beleefde. Kijk eens goed in je gedachten rond en probeer alle gedachten en geluiden terug te halen. Misschien kun je ook wel terughalen wat je op dat moment kon ruiken. Je ondergaat het prettige moment opnieuw. Het gevoel van succes. – pauze – Leg op je (schrijf)hand het succesgevoel dat je zojuist hebt teruggehaald. Maak van je hand een vuist en klem het succesgevoel vast zodat je het steeds kunt terughalen.

Bespreek hoe de cliënt de oefening heeft ervaren en wat geschikte momenten zijn om deze oefening toe te passen.

In de opdracht 'Memory Lane' worden succeservaringen opgeschreven. Stimuleer de cliënt om meerdere gebeurtenissen uit te schrijven. Let op: deze techniek is het krachtigst als er herinneringen worden gekozen. Leuke dingen waar de cliënt naar uitkijkt werken anders. Door het terugdenken aan situaties zal je lichaam zich aanpassen, aan hoe je je toen voelde. Er ontstaat hierdoor een lichamelijk proces.
De overgebleven tijd wordt besteed aan het herhalen van sessie1 tot en met 6 en wordt geïnventariseerd wat extra aandacht behoeft. Check als therapeut ook het werkblad 'Ken je faalangst'.

Huiswerk
Sta elke avond voor je gaat slapen stil bij een fijne herinnering van die dag.

> Handreiking groepstraining
> Bij het werkblad 'Meerdere positieve gedachten' wordt het boekje doorgegeven totdat alle wolken vol zijn. Het is leuk als u als therapeut meedoet.

2.2.8
Sessie 7

Wat straal je uit?

Doel
- Aanleren zelfverzekerde lichaamshouding
- Terugblikken en in kaart brengen van behaalde resultaten

Materiaal
- Ingevulde werkblad 'Ken je faalangst'

Begin
Deze sessie worden de startvragen overgeslagen, om niet in de problemen te komen met de tijd.

Bespreken huiswerk/herhalen lesstof
Blik kort terug op de vorige sessie en vraag naar de ervaringen met de huiswerkopdracht.

Wat straal je uit?
Lees of vertel over het stukje 'Wat straal je uit'. De oefeningen worden tijdens de sessie gemaakt. Deze sessie wordt ook aandacht besteed aan het presenteren, waar veel mensen met faalangst last van hebben. Bij extra tijd tijdens de sessie kan het leerzaam zijn de cliënt een korte presentatie te laten houden. Onderwerp kan bijvoorbeeld de training zijn, of een korte presentatie met de uitkomsten van sessie 5.

Tot slot
Lees of vertel over het stukje 'Tot slot'. Het werkblad 'Ken je faalangst' wordt teruggegeven aan de cliënt en er wordt onderstreept wat gelukt is.

Werkblad: eerste hulp bij faalangst
Het werkblad 'Eerste hulp bij faalangst" wordt ingevuld en besproken.

Afronding
Sluit de sessie positief af. Ideaal gezien is er na een paar weken nog een sessie om te evalueren en de puntjes op de i te zetten.

> ### Handreiking groepstraining
> In de groepsbijeenkomst dient men alert te zijn op de tijd, omdat er veel onderdelen aan bod komen. De deelnemers gaan een korte pitch presenteren over zichzelf. De pauze vervalt en wordt ingezet om de presentatie kort voor te bereiden.

Werkboek individueel protocol

Sessie 1	Wat is faalangst?	35
Sessie 2	Ontspanning	43
Sessie 3	Mijn denken de baas	49
Sessie 4	Relaxed studeren kun je leren	59
Sessie 5	Positief denken over jezelf	69
Sessie 6	Ik ben de baas over mijn gedachten!	75
Sessie 7	Wat straal je uit?	79

Sessie 1
Wat is faalangst?

Werkblad: Checklist faalangst

Deze training is bedoeld om je faalangst onder controle te krijgen. In 7 sessies gaan we leren om je zenuwen de baas te worden. Het kan zijn dat je nog niet helemaal begrijpt wat faalangst is. De onderstaande uitspraken kunnen je helpen inzicht te krijgen in dingen die je lastig vindt of waar je last van hebt. Kruis maar eens aan wat op jou van toepassing is.

- [ ] Als ik een toets krijg, word ik erg zenuwachtig.
- [ ] Ik ben bang dat ik tijdens mijn spreekbeurt niet uit mijn woorden kom.
- [ ] Ik krijg weleens buikpijn als ik aan school en overhoringen denk.
- [ ] Voor sommige vakken leer ik niet omdat het toch geen zin heeft.
- [ ] Op een verjaardag ben ik heel verlegen en durf ik bijna niks te zeggen.
- [ ] Bij een belangrijke voetbalwedstrijd lukt het me niet om goed te spelen.
- [ ] Als ik iets zeg in een groep ben ik bang dat ik uitgelachen word.
- [ ] Thuis snap ik de lesstof best, maar als ik een beurt krijg in de les weet ik niks meer.
- [ ] Ik zou het liefst een dagje thuis blijven bij belangrijke repetities.
- [ ] In een winkel vind ik het heel eng om iets te vragen.
- [ ] Als ik in bed lig, kan ik vaak niet slapen omdat ik over school pieker.
- [ ] Thuis raak ik soms in paniek omdat ik mijn huiswerk niet afkrijg.
- [ ] Ik denk vaak dat ik een onvoldoende ga halen.
- [ ] Tijdens gym ben ik bang om iets voor te moeten doen.

Werkblad: Angst

Je bent niet de enige met faalangst. Uit onderzoek is gebleken dat 10% van de schoolgaande jeugd er last van heeft. Reken maar eens uit hoeveel kinderen in jouw klas ongeveer last hebben van faalangst. Gelukkig is er veel aan te doen. De faalangst van de meeste jongeren neemt af na het volgen van een faalangsttraining.

Faalangst is de angst om het niet goed te doen. Je bent bang om te falen. Als je angstig bent, voel je dat in je lijf. Denk eens goed na, wat voel jij als je angstig bent?

Als ik angstig ben, voel ik:

_____
_____
_____
_____
_____
_____
_____
_____

Kun je het ook tekenen in je lijf?

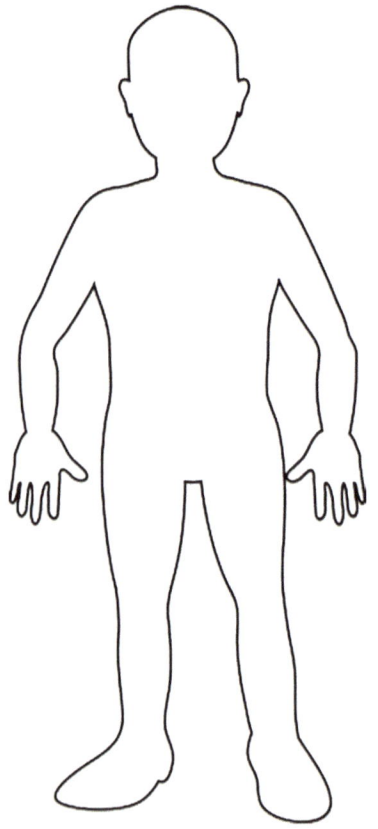

Achtergrondinformatie

Angst
Angst is een reactie van ons lichaam op mogelijk gevaar. Als je nooit angstig bent, zal je niet lang leven. Om je te beschermen, maakt je lijf een aantal stofjes (hormonen) aan die ervoor zorgen dat je iets tegen het gevaar kunt doen. Door deze hormonen gebeurt het volgende in je lijf:

- je hart gaat sneller kloppen;
- je ademhaling wordt sneller;
- je gaat transpireren om af te koelen;
- je bloeddruk stijgt;
- je spijsvertering vertraagt;
- je spieren worden geprikkeld tot actie;
- je bewuste denken wordt uitgeschakeld.

Door deze stressreactie wordt je lijf bij dreigend gevaar klaar gemaakt om aan te vallen of te vluchten.

In een schema ziet deze angstreactie er als volgt uit:

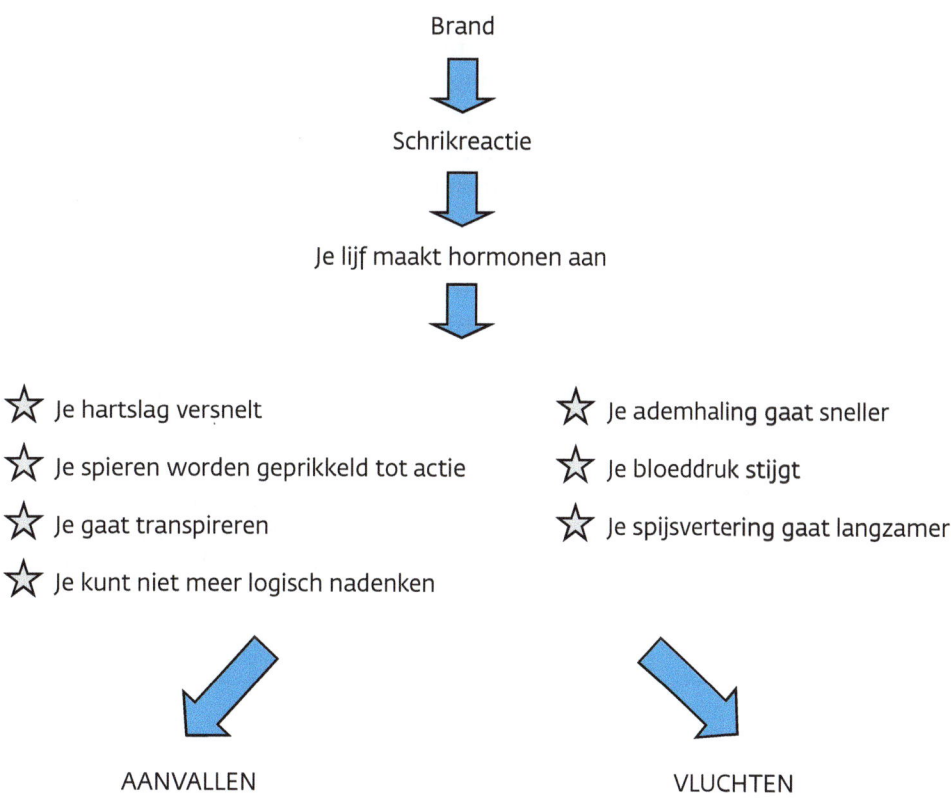

In het schema kun je zien dat ons lijf reageert op dreigend gevaar. Stel je voor dat je deze tekst zit te lezen en dat je een brandlucht ruikt. Binnen een paar milliseconden zal je lijf hormonen gaan aanmaken. Waarschijnlijk voel je als eerste een soort kriebel in je buik. In het schema kun je lezen wat er verder allemaal met je lijf gebeurt.

Door deze reacties zul je niet rustig verder lezen, maar ga je op onderzoek uit om te kijken waar de brand vandaan komt. Daarna zal je heel snel inschatten of je de brand zult gaan blussen (aanvallen) of dat je meer kans op overleven hebt wanneer je vlucht. Door deze stressreactie heb je ineens weer veel energie, terwijl je misschien heel moe was toen je zat te lezen. Hoe meer angst je ervaart, hoe meer hormonen je lijf heeft aangemaakt.

Is angst nuttig?
Uit het bovenstaande voorbeeld blijkt wel dat angst heel nuttig kan zijn. Zonder angst word je niet oud. Door de angstreactie word je alert (ook al ben je moe) en ben je gericht op overleven. Je handelt op je instinct. Voor lang nadenken is geen tijd in gevaarlijke situaties.
Een angstreactie kan ook als leuk en spannend worden ervaren. Denk aan een achtbaan in een pretpark, het spelen van een *game* of het kijken naar een horrorfilm.

Als je je moet concentreren op een belangrijke taak is angst echter niet prettig. Een beetje angst zorgt ervoor dat je de taak serieus neemt, maar als je te veel angst ervaart, kun je niet meer logisch nadenken. Je bewuste denken wordt namelijk uitgeschakeld tijdens de stressreactie.
Ook is het lastig als je constant last hebt van angst. Je lijf is niet gemaakt om een stressreactie lang vol te houden. Het kost te veel energie en je kunt er allerlei lichamelijke klachten van krijgen.

Wat doe jij om niet te falen?
Als je last hebt van faalangst ben je dus bang om het niet goed te doen. Het is logisch dat je manieren verzint om het *wel* goed te doen. Sommige mensen studeren daarom te hard. Ze studeren meer dan anderen en leren vaak door terwijl ze eigenlijk voldoende weten. We noemen dit *actieve faalangst*. Door het harde leren probeer je je faalangst onder controle te krijgen.

Sommige jongeren vluchten echter voor de taak waar zij zenuwachtig voor zijn. Ze weten best dat een goede voorbereiding helpt om beter te presteren maar door alle zenuwen lukt het hen niet om rustig aan de slag te gaan. We noemen dit *passieve faalangst*. Door het vermijden van een taak probeer je geen last te hebben van faalangstige gevoelens.

Door de faalangst kun je ook taken gaan vermijden. Je gaat niet naar een schoolfeest omdat je er zo tegenop ziet. Of je blijft thuis van school omdat je een moeilijke repetitie hebt. Het vermijden van taken maakt dat de problemen alleen maar groter worden.

Verschillende soorten faalangst

We onderscheiden drie soorten faalangst.

Cognitieve faalangst *(faalangst die te maken heeft met leren of weten)*
Wanneer de leraar aankondigt dat hij nieuwe leerstof gaat behandelen, kan dat bij cognitief faalangstige leerlingen al angst oproepen. De vrees vooraf dat ze het 'toch wel weer niet zullen snappen' verlamt hun aandacht waardoor ze de uitleg niet kunnen volgen.
Nog vervelender vinden ze het als de kennis wordt overhoord. Er zijn kinderen die dagenlang buikpijn hebben als ze weten dat er een toets aankomt.

Sommige kinderen beheersen de leerstof goed. Hun ouders hebben hen zelfs overhoord. Toch kan het gebeuren dat zij tijdens de toets niks meer weten. Als de repetitie afgelopen is, weten zij de goede antwoorden weer. We noemen dit een *black-out*. Veel leerlingen met cognitieve faalangst herkennen daarnaast dat ze blijven twijfelen over hun antwoorden. Ze zijn daarom niet altijd op tijd klaar en 'verbeteren' antwoorden die in eerste instantie toch goed bleken te zijn.
Als je last hebt van cognitieve faalangst kan het zijn dat je cijfers hierdoor minder hoog zijn. Sommige leerlingen met faalangst halen echter uitstekende cijfers maar hebben wel last van de spanningen.

Sociale faalangst *(faalangst die te maken heeft met de omgang met anderen)*
Als je last hebt van sociale faalangst ben je bang dat je faalt bij anderen. Je wilt het in de ogen van anderen goed doen.
Leerlingen trekken in een klas bijna de hele dag met elkaar op. Niet iedereen vindt dit plezierig. Jongeren met sociale faalangst zijn bang om uitgelachen te worden en niet bij de groep te horen. Door deze angst gedragen ze zich anders. Sommige jongeren trekken zich door deze angst terug en anderen worden heel druk of brutaal. Jongeren hebben niet alleen te maken met klasgenoten. Leraren vormen uiteraard een andere belangrijke groep. Durf jij niks te vragen aan een leraar? Dan is de kans groot dat je last hebt van sociale faalangst. Ook het krijgen van een beurt in de klas zorgt dan voor veel spanningen.
Sociale faalangst kun je ervaren bij diverse groepen mensen in verschillende situaties. Denk aan het deelnemen aan een familiereünie, het doen van een boodschap of het opbellen van een vriend of vriendin. Kenmerkend voor sociale faalangst is dat je je anders gedraagt dan je zou willen.

Motorische faalangst *(faalangst die te maken heeft met bewegen)*
Er zijn jongeren die angstig zijn om iets met hun lijf te moeten doen. Het beste voorbeeld is natuurlijk gymnastiek. Bij het oefenen in een groepje lukt de opdracht nog wel, maar als de leerling het voor moet doen voor de klas lukt het niet.
Motorische faalangst kan ook voorkomen bij handenarbeid. Faalangstige jongeren zijn dan bang handwerkopdrachten uit te voeren. 'Dat wordt toch niks', is een veelgehoorde uitspraak. Vaak beginnen ze niet eens aan een opdracht.
Ook bij je favoriete sport kun je last hebben van faalangst. Veel topsporters hebben zelfs last van faalangst! Ze presteren beter op de training dan tijdens een belangrijke wedstrijd of ze hebben gezondheidsklachten door alle spanningen.

Veel jongeren hebben een mengvorm van de bovengenoemde soorten faalangst.

Hoe herken je jouw type faalangst?

Niet alle kinderen met faalangst zijn hetzelfde. Je kunt vaak een aantal types kinderen met faalangst onderscheiden. De meeste mensen herkennen zich in meerdere types.

Het afhankelijke type
- Je aanvaardt alle vormen van hulp of steun van anderen.
- Je kunt je eigen faalangst prima onder woorden brengen.
- Volwassenen begrijpen je gedrag heel goed.
- Je roept met dit gedrag veel begrip op bij volwassenen.

Het gesloten type
- Je kunt moeilijk vertellen wat je voelt of denkt.
- Je vraagt zelden of nooit om hulp als iets niet lukt.
- Hoe meer ze je met directe vragen benaderen, hoe minder je vertelt of zegt.

Het brutale type
- Je stelt je erg assertief, zelfs wel agressief en uitdagend op.
- Je voorkomt op die manier dat anderen je bange gezicht zien.
- Je wilt liever geen begeleiding.

De clown
- Je bent de lolbroek van de klas.
- Je verbergt op die manier jouw (vaak sociale) faalangst.
- Dat anderen je gedrag soms vervelend vinden, dat weet je, maar dat neem je dan maar op de koop toe.

Ken je faalangst

Op het lege werkblad 'Ken je faalangst', ga je invullen waar je jezelf in herkent en waar je last van hebt. Ook ga je omschrijven wat je allemaal wilt leren. Het profiel lever je in bij de begeleider en krijg je na afloop van de sessies weer terug. Je zult zien dat er veel is veranderd!

KEN JE FAALANGST

Wesley Jansen

Ik denk dat ik last heb van:

- [X] Cognitieve faalangst
- [ ] Sociale faalangst
- [X] Motorische faalangst

Dat denk ik omdat ik:

- *Mijzelf heel zenuwachtig maak voor een toets en soms niks meer weet.*
- *Denk dat ik het niet kan en dat ze me dan thuis moeten kalmeren.*
- *Voor een voetbalwedstrijd vaak buikpijn heb.*

Door mijn faalangst vermijd ik:

- *Toetsen door me ziek te melden.*
- *Bij de gymles doe ik net alsof ik een blessure heb, want ik ben bang iets te moeten voordoen.*

In deze training ga ik me inzetten en wil ik graag het volgende leren:

- *dat ik rustig blijf bij mijn huiswerk.*
- *dat ik me kan concentreren tijdens een toets en geen black out krijg.*
- *dat ik goede cijfers haal.*

Handtekening of naam:

Wesley Jansen

Sessie 2
Ontspanning

Achtergrondinformatie

Wat is ontspanning?
Tijdens de eerste sessie heb je geleerd wat spanning allemaal met je lijf kan doen. Zelf heb je ook bepaald wat jouw lijf doet als je last hebt van angst of spanningen.

Die spanningen op zich zijn niet slecht. Een toneelspeler heeft vaak last van spanningen. Ze noemen dit plankenkoorts. Als je geen spanning voelt voor een belangrijke gebeurtenis, presteer je niet optimaal. Je concentratie is in dit geval niet goed genoeg. De toneelspeler heeft echter last van een gezonde dosis spanning, waardoor hij goed speelt en alle tekst uit zijn hoofd kent. Het gaat er dus niet om de spanning uit te bannen maar om de spanning onder controle te krijgen zodat je optimaal presteert.

Er zijn verschillende technieken om je lichaam in spannende situaties onder controle te krijgen. Veel mensen hebben een eigen trucje hiervoor. Vraag maar eens wat je ouders doen als zij zenuwachtig zijn. Hier leren we je een aantal methoden, maar de bedoeling is dat je een vorm gaat vinden die bij jou past en die voor jou werkt.

Werkblad: Waar heb jij last van?

Hoe is het met jouw spanningsklachten gesteld?
Kruis hieronder eens aan waar je **regelmatig** last van hebt.

- ☐ Vermoeidheid
- ☐ Sterk transpireren
- ☐ Bonzend hart
- ☐ Nekpijn
- ☐ Schouderpijn
- ☐ Lage rugpijn
- ☐ Depressieve gevoelens
- ☐ Inslaapproblemen
- ☐ Concentratieproblemen
- ☐ Onrustig slapen
- ☐ Angstig gevoel
- ☐ Hopeloos gevoel
- ☐ Lusteloosheid
- ☐ Huiduitslag
- ☐ Benauwdheid op borst
- ☐ Diarree of verstoppingen

- ☐ Negatieve gedachten
- ☐ Ongeduld
- ☐ Veel ziek melden
- ☐ Rusteloosheid
- ☐ Vergeetachtigheid
- ☐ Huilbuien
- ☐ Hoofdpijn
- ☐ Boosheid
- ☐ Geïrriteerdheid
- ☐ Tandenknarsen
- ☐ Zenuwachtig gevoel
- ☐ Teveel of te weinig eten
- ☐ Verkoudheid
- ☐ Koude handen of voeten
- ☐ Misselijkheid
- ☐ Zenuwtrekjes

Hoe meer kruisjes des te groter het belang om iets aan ontspanning te doen!

Achtergrondinformatie

Ademhalen
Ademhaling is een belangrijk proces in je lichaam. Door adem te halen krijg je zuurstof binnen en door uit te ademen raak je afvalstoffen kwijt. Ademhaling speelt ook een belangrijke rol als het gaat om reacties op spannende situaties. In de eerste sessie hebben we geleerd dat je ademhaling versnelt tijdens een angstreactie. Doordat je sneller gaat ademen, kan je lijf in kortere tijd meer zuurstof opnemen. Deze extra zuurstof heb je nodig voor lichamelijke inspanningen.

Sommige leerlingen met faalangst schrikken van deze snelle ademhaling en krijgen deze niet onder controle. Het kan dan gebeuren dat je snelle ademhaling overslaat in hyperventilatie. Wanneer je last hebt van hyperventilatie adem je meer in en uit dan goed is voor je lichaam. Je lichaam raakt in de war. Je kunt last krijgen van transpiratie, een sneller kloppend hart, dubbel zien, duizeligheid en soms zelfs flauwvallen.

In geval van faalangst kan je ademhaling op twee manieren verkeerd zijn. Je ademt veel te snel of je ademt niet diep genoeg. Als je in staat bent je ademhaling te regelen, ben je minder gespannen en word je rustiger.

Borstademhaling
Een lichaam dat gespannen is, ademt vaak niet diep genoeg, er is sprake van borstademhaling. De borstkas en schouder gaan op en neer, waardoor het bovenste gedeelte van je lijf gespannen wordt. Je kan hierdoor last krijgen van je schouders, nek en kaken met eventueel hoofdpijn tot gevolg. In de training oefenen we met het herkennen van deze ademhaling.

Flankademhaling
Door een verkeerde ademhaling kan je allerlei klachten krijgen. Het is van belang dieper adem te halen. De ademhaling die we normaal gesproken gebruiken is de flankademhaling. Deze ademhaling is nodig om je bloed goed door je lijf te pompen. Bij deze ademhaling worden de ribben bij een inademing vanaf de flanken gespreid. De nek- en schouderspieren blijven ontspannen.

Buikademhaling
Een buikademhaling helpt je te ontspannen. Als je je hand op je buik legt, zal je hand bij een goede buikademhaling 'omhoog' komen. De buikademhaling gebruik je niet de hele dag, maar iedereen kan het. De buikademhaling gebruik je namelijk vlak voordat je in slaap valt. Door deze ademhaling krijgt je lichaam het signaal dat je kunt ontspannen. Het is dus een mooie manier om je lichaam opdracht te geven om rustig te worden. Na het uitvoeren van drie diepe buikademhalingen zakken de stresshormonen in je lichaam.
Veel jongeren vertellen dat ze door deze oefening beter zijn gaan slapen en dat ze hun zenuwen beter onder controle hebben gekregen.

Werkblad: buikademhaling

Stappenplan

1. ☐ Ik beheers de buikademhaling met begeleiding!

    Dit heeft het mij gebracht: _____

2. ☐ Ik beheers de buikademhaling voordat ik ga slapen!

    Dit heeft het mij gebracht: _____

3. ☐ Ik beheers de buikademhaling op school op de momenten dat ik niet zenuwachtig ben!

    Dit heeft het mij gebracht: _____

4. ☐ Ik beheers de buikademhaling op de momenten dat ik zenuwachtig ben!

    Dit heeft het mij gebracht: _____

Sporten
Naast een goede ademhaling is ook het ontspannen van je spieren erg belangrijk. Door een stressreactie zijn je spieren continu gespannen en kun je allerlei klachten ontwikkelen. Sporten is om meerdere redenen goed voor je, maar als je last hebt van faalangst, heb je een extra reden om te gaan sporten. Je spieren zijn erna ontspannen en ook je hoofd is 'leeg' door de inspanning. Als je niet van sporten houdt, kun je ook denken aan wandelen of fietsen.

Andere manieren om te ontspannen
Ontspannen kun je op verschillende manieren. Wat voor de een ontspannend is, is voor de ander juist niet ontspannend. Je moet op zoek gaan naar wat bij jou past.

Schrijf hieronder wat voor jou ontspannend werkt:

_____
_____
_____
_____
_____
_____
_____
_____

Ontspanningsoefeningen

Hier staan verschillende tips en oefeningen om meer ontspannen te worden en je sterker te voelen. Kies er twee die je aanspreken en ga die de komende week eens proberen.

Bodyscan
Voor deze ontspanningsoefening moet je op je rug gaan liggen. Leg je armen naast je lijf en doe je benen los van elkaar. Probeer al je spieren zo veel mogelijk te ontspannen. Ga vervolgens met je aandacht je hele lichaam langs, van onder naar boven. Begin bij je tenen. Ga na tien seconden naar je hielen, vervolgens naar je enkels, je kuiten, je knieën, enzovoort. Probeer je aandacht bij de oefening te houden en ga door tot je kruin.

Muziek
Luister naar muziek. Kies muziek waar jij je prettig ontspannen bij voelt en verzamel deze muziek in een afspeellijst.

Luisteren
Gebruik een geluidsopname met ontspanningsoefeningen. In de winkel zijn diverse cd's met ontspanningsoefeningen te koop. Ook op internet kun je mp3 bestanden downloaden. Vraag je ouders om mee te zoeken naar iets dat geschikt is.

Stromend water
Als je onder de douche staat, kun je je voorstellen dat het water alles meeneemt dat niet bij jou past. Laat alles naar beneden mee stromen met het water het afvoerputje in.

Tijd voor jezelf
Zorg voor tijd voor jezelf. Hoewel het prettig is om veel tijd met vrienden of familie te besteden, is het ook nodig je soms terug te trekken. Verwen jezelf met een leuke bezigheid.

Vingeroefening

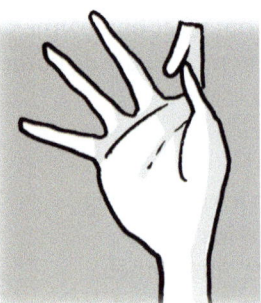

1) Raak met je duim je wijsvinger aan.
Terwijl je vingers elkaar raken denk je aan een *leuk moment* terug.

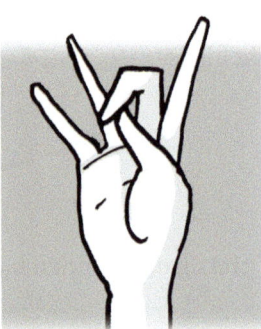

2) Raak met je duim je middelvinger aan.
Terwijl je vingers elkaar raken denk je aan een moment dat je je *prettig moe* voelde.

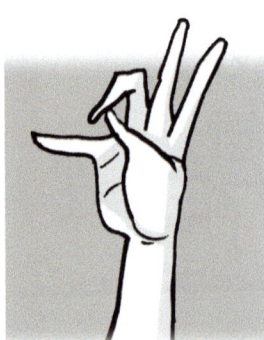

3) Raak met je duim je ringvinger aan.
Terwijl je vingers elkaar raken denk je terug aan een *compliment* dat je hebt gekregen.

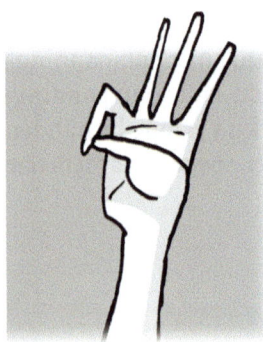

4) Raak met je duim je pink aan.
Terwijl je vingers elkaar raken denk je aan een *mooie plek* waar je ooit bent geweest.

Achtergrondinformatie

In de vorige sessies hebben we het gehad over wat faalangst is en op welke manieren je het best kunt ontspannen. Vandaag gaan we het hebben over de manier waarop je denkt. Veel jongeren met faalangst denken negatief. Ze denken dat ze het niet kunnen of dat het toch weer misgaat.

Je manier van denken beïnvloedt voor een groot deel je prestaties. Als je negatief denkt is er een grote kans dat het inderdaad niet goed gaat. Je gaat op deze manier steeds meer geloven in je eigen negatieve gedachten. Gelukkig is er een methode om

Sessie 3
Mijn denken de baas

de manier van denken te veranderen, waardoor je minder last hebt van de angst om te falen en waardoor situaties prettiger verlopen. We noemen dit anders denken de 4-G methode.

De 4-G methode

De 4-G's staan voor:

Gebeurtenis + Gedachte = Gevoel + Gedrag

Hoe je over een gebeurtenis en over jezelf denkt, heeft grote invloed op je gevoelens en je gedrag.

Een voorbeeld maakt het duidelijk.

Gebeurtenis: Tim moet een spreekbeurt houden.
Gedachte (negatief): Het zal wel niet lukken en de klas lacht me vast uit.
Gevoel: Tim is zenuwachtig en krijgt buikpijn.
Gedrag: Tim komt niet uit zijn woorden en vergeet wat hij wilde vertellen.

Nu beschrijven we dezelfde gebeurtenis maar met een andere gedachte.

Gebeurtenis: David moet een spreekbeurt houden.
Gedachte (positief): Iedereen is zenuwachtig voor een spreekbeurt maar ik heb het goed voorbereid en ik ga gewoon mijn best doen.
Gevoel: David is positief gespannen.
Gedrag: David houdt een goede spreekbeurt. Voortaan heeft hij het vertrouwen dat hij goed is in het houden van spreekbeurten.

Je ziet dat de gedachte die je hebt over de gebeurtenis bepaalt hoe je je voelt en gedraagt.

Als we de gedachte veranderen, veranderen we ons gevoel en gedrag!

Gedachten die we over onszelf en over situaties hebben, zijn soms heel negatief. Als je er goed over nadenkt zijn ze vaak niet helemaal waar. Gedachten als 'ik kan nooit iets goed doen' of 'ze moeten mij altijd hebben' zijn nooit helemaal waar.

Positieve en negatieve gedachten

Als je last hebt van faalangst, zul je een aantal van deze gedachten herkennen:
- Ik moet minimaal een 7 scoren voor het proefwerk.
- Ik zeg maar niks want ze vinden me toch stom.

- Ik zal deze wedstrijd wel weer niet scoren.
- De spreekbeurt gaat uiteraard weer mislukken.
- De lerares vindt mij niet leuk.
- Ze lachen me toch uit.
- Ik kan het toch niet.

Wat je ziet is dat mensen met faalangst geloven in deze gedachten. Als je goed naar de gedachten kijkt, zie je dat deze gedachten niet helemaal kloppen. De gedachten zijn erg negatief en vaak niet getoetst aan de werkelijkheid.

Er zijn twee vragen om te controleren of je gedachte positief is:
- Is de gedachte die ik heb helemaal waar?
- Helpt deze gedachte mij om beter te presteren?

Als je deze twee gedachten met 'nee' beantwoordt, is het belangrijk de gedachte te veranderen.

De 4-G methode is niet hetzelfde als positief denken. Dit zou te simpel zijn. Er zijn redenen waarom je zo negatief denkt. Als je de gedachte 'het feestje wordt vast een drama' vervangt door de gedachte 'het wordt een fantastisch feestje', gaat dat je niet helpen. Je houdt geen rekening met eerdere ervaringen. Je zult deze gedachte dus niet geloven en houdt jezelf eigenlijk voor de gek. Je moet negatieve gedachten leren omzetten in helpende gedachten die wel waar zijn.

OEFENINGEN

Gebeurtenis: Thomas zit in de klas en heeft een repetitie.

Gedachte:

Gevoel: Thomas voelt zich onzeker.

Gedrag: Thomas krijgt het warm en kan geen vragen meer beantwoorden. Als de bel gaat en hij buiten staat, weet hij alle antwoorden weer.

Buig de negatieve gedachte om naar een positieve gedachte.

Gebeurtenis: Thomas zit in de klas en heeft een repetitie.

Gedachte:

Gevoel: _____

Gedrag: _____

Maak nu een voorbeeld van een eigen gebeurtenis. Neem een gebeurtenis die niet goed liep. Om je te helpen staan hieronder de definities van de 4-G's.

Gebeurtenis. Een gebeurtenis is iets dat plaatsvindt.

Gedachte. Een gedachte is dat wat je denkt. Je kunt aan een ander niet zien wat hij denkt.

Gevoel. Gevoel is het lichamelijk of geestelijk ervaren van iets. Op de computer gebruiken jullie vaak emoticons.

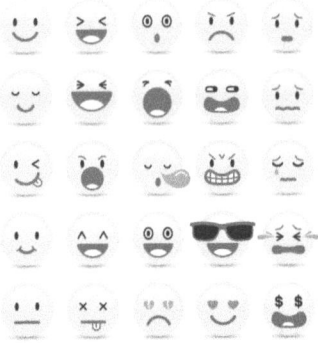

Gedrag. Gedrag is de manier waarop je je gedraagt. Anderen kunnen aan jou zien wat je gedrag is.

Gebeurtenis: ___

Gedachte:

Gevoel: ___

Gedrag: ___

Vervang nu de negatieve gedachte door een positieve gedachte.

Gebeurtenis: ___

Gedachte:

Gevoel: ___

Gedrag: ___

Werkblad: 4-G's
Maak voor de komende periode elke dag een 4-G schema. Gebruik een situatie waarin je last had van faalangst of waarin je erg zenuwachtig was. Vul het schema in en daarna nog een keer met een positieve rationele gedachte.

Het zal met deze 'doe het zelf' training van positieve gedachten niet lukken om in één keer van alle faalangst af te zijn. Was het maar waar. Toch zul je merken dat positief denken effect heeft.

G-4 Schema 1

Gebeurtenis: _____

Gedachte:

Gevoel: _____

Gedrag: _____

> - Is de gedachte die ik heb helemaal waar?
> - Helpt deze gedachte mij om beter te presteren?
>
> Als je de vragen met NEE moet beantwoorden is de gedachte niet positief rationeel.

Vervang nu de negatieve gedachte door een positieve gedachte.

Gebeurtenis: *Zelfde gebeurtenis als hierboven*

Gedachte:

Gevoel: _____

Gedrag: _____

G-4 Schema 1

G-4 Schema 2

Gebeurtenis: _____

Gedachte:

Gevoel: _____

Gedrag: _____

> - Is de gedachte die ik heb helemaal waar?
> - Helpt deze gedachte mij om beter te presteren?
>
> Als je de vragen met NEE moet beantwoorden is de gedachte niet positief rationeel.

Vervang nu de negatieve gedachte door een positieve gedachte.

Gebeurtenis: *Zelfde gebeurtenis als hierboven*

Gedachte:

Gevoel: _____

Gedrag: _____

G-4 Schema 3

Gebeurtenis: _____

Gedachte:

Gevoel: _____

Gedrag: _____

> - Is de gedachte die ik heb helemaal waar?
> - Helpt deze gedachte mij om beter te presteren?
>
> Als je de vragen met NEE moet beantwoorden is de gedachte niet positief rationeel.

Vervang nu de negatieve gedachte door een positieve gedachte.

Gebeurtenis: *Zelfde gebeurtenis als hierboven*

Gedachte:

Gevoel: _____

Gedrag: _____

G-4 Schema 4

Gebeurtenis: _____

Gedachte:

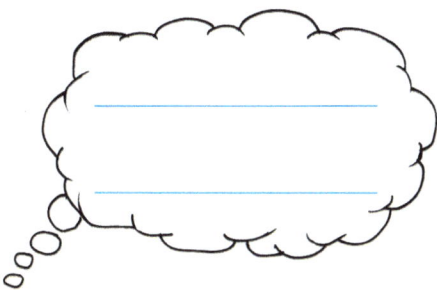

Gevoel: _____

Gedrag: _____

> - Is de gedachte die ik heb helemaal waar?
> - Helpt deze gedachte mij om beter te presteren?
>
> Als je de vragen met NEE moet beantwoorden is de gedachte niet positief rationeel.

Vervang nu de negatieve gedachte door een positieve gedachte.

Gebeurtenis: *Zelfde gebeurtenis als hierboven*

Gedachte:

Gevoel: _____

Gedrag: _____

Sessie 4
Relaxed studeren kun je leren

Achtergrondinformatie

Goede resultaten op school beginnen met goed studeren. Het is logisch dat je negatief denkt over een toets als je die niet goed hebt voorbereid. Tot dusver is dit niets nieuws voor je. Veel leraren en ouders zeggen regelmatig dat je hard moet studeren. Waarschijnlijk is er dus een reden waarom je niet goed genoeg studeert. Het kan ook zijn dat je wel voldoende studeert, maar dat je resultaten niet zijn wat je ervan verwacht had.
Vandaag gaan we er proberen achter te komen welke punten jij kunt verbeteren aan je studieaanpak.

Gedachten over school
In de vorige sessie hebben we geleerd dat negatieve gedachten je in de weg staan. Schrijf hieronder een aantal negatieve gedachten over school:

Negatieve gedachten over school:
_____
_____
_____
_____
_____
_____
_____

Je kunt naar school gaan natuurlijk ook heel anders bekijken. Probeer maar eens eerlijk na te gaan wat je leuk vindt aan school. Er zijn vast vakken die je leuk vindt of misschien heb jij het wel heel gezellig met je klasgenoten.

Leuk aan school vind ik:

_____

_____

_____

_____

_____

_____

_____

Helpende gedachten over school

Hieronder staat een aantal helpende gedachten over school. Kruis eens aan welke gedachten jou kunnen helpen. Voeg ook zelf een aantal gedachten toe.

- [ ] Ik heb het de afgelopen jaren voor elkaar gekregen, dus waarom zou het nu ineens fout gaan?

- [ ] Ik leer veel kinderen kennen doordat ik op school zit.

- [ ] Leraren zijn er niet om mij te pesten maar om me te helpen.

- [ ] Met een goede opleiding heb ik meer kans op leuk werk.

- [ ] Natuurlijk wordt het elk jaar moeilijker, maar ik heb ook meer kennis tot mijn beschikking.

- [ ] Als ik logisch nadenk weet ik al veel vragen te beantwoorden.

- [ ] Als ik altijd vakantie had, zou ik me ook maar vervelen.

- [ ] Er zijn genoeg dingen die leuker zijn dan studeren, maar als ik even doorzet heb ik daarna een goed gevoel.

- [ ] Als ik niet studeer maak ik me zorgen over school en worden mijn problemen steeds groter. Als ik goed studeer, haal ik goede cijfers en ben ik trots op mezelf.

- [ ] Ik zie er tegenop om te starten met studeren, maar als ik eenmaal bezig ben valt de rest wel mee.

- [ ] _____

- [ ] _____

- [ ] _____

Leren moet je leren

Als het goed is, lukt het je vanaf nu positiever te denken over school. Je motivatie voor school zal hierdoor toenemen. Nu is het zaak om het studeren goed aan te pakken zodat de kans op een voldoende stijgt. Leerlingen met faalangst studeren niet altijd even handig. Door je eigen studiegedrag te leren kennen en hier verandering in aan te brengen, krijg je een gevoel van controle. Controle en overzicht over je studie betekent dat je weet wat je moet doen en wanneer je dat moet doen.

Plannen is vooruitkijken

Succesvolle leerlingen maken voor het studeren een planning. Ze hebben deze planning niet altijd op papier, maar ze weten precies wat er in de toekomst van hen wordt verwacht. Ze stellen zichzelf de volgende vragen:

Wat wordt er van mij verwacht?
Wat moet ik daarvoor doen?
Wat heb ik daarbij nodig?
Wanneer ga ik alles doen?

Sommige opdrachten kun je aan het begin van het jaar al in een planning verwerken, omdat je weet dat ze zullen komen. Vaak moet je voor de talen een aantal boeken lezen. Je kunt hiermee wachten tot vlak voor de uiteindelijke datum, maar handiger is het om al eerder te starten. Voor bepaalde vakken moet je werkstukken maken; de data waarop je die moet inleveren zijn vaak van tevoren bekend. Je hoeft ze niet meteen te gaan maken, maar bespaar jezelf stress en faalangst door bijtijds te beginnen. Schrijf dus niet alleen deze data in je agenda, maar schrijf ook in je agenda wanneer je er mee wilt starten. Start op tijd met je huiswerk en leerwerk.

Routine
Veel dingen die we in het leven doen zijn routine. Dingen die routine zijn doe je gewoon, omdat je eraan gewend bent. Als je 's ochtends opstaat heb jij waarschijnlijk een vast aantal handelingen die je verricht zonder dat je hier al teveel bij na hoeft te denken. Tandenpoetsen vinden de meeste mensen niet bijzonder leuk, maar omdat ze het altijd op een vast moment doen vergeten ze het niet en kost het weinig energie.

Van je huiswerk moet je ook routine gaan maken. Op deze manier vergeet je het niet en kost het minder energie. Je denkt niet meer na over óf je het gaat doen en wanneer je het gaat doen, je doet het gewoon. Naast een vast moment is het ook verstandig om een vaste plek te kiezen voor je huiswerk.

Mijn vaste moment om te studeren is:

_____
_____
_____
_____
_____
_____

Ik maak mijn huiswerk graag op de volgende plek:

_____
_____
_____
_____
_____
_____

SESSIE 4 RELAXED STUDEREN KUN JE LEREN

Als je op je vaste plek en tijdstip aan het studeren bent, kunnen de volgende tips je helpen om beter te leren.

> Lees onderstaande tips. Welke tips wil jij gaan toepassen?

Studietips

- [ ] Bepaal eerst hoeveel tijd je per dag aan je huiswerk wilt besteden. Vraag aan je mentor hoe lang gebruikelijk is.
- [ ] Liever vaker kort dan één keer lang studeren. Woordjes kun je het best onthouden door vaker een korte periode te leren. Uit onderzoek blijkt dat woordjes die je de avond van tevoren allemaal leert, de volgende dag voor de helft zijn vergeten! Begin dus op tijd en leer ze meerdere keren. Ideaal begin je drie dagen van te voren en herhaal je ze elke dag tot je ze allemaal kent. Er zijn vaak drie woorden die je maar niet kunt onthouden. Schrijf die op een briefje en lees die vijf minuten voor de repetitie nog door.
- [ ] Wissel leer- en maakwerk af.
- [ ] Start met schoolwerk dat je leuk vindt om te doen. Zo wordt de drempel om te starten lager.
- [ ] Maak gebruik van een eierwekker. Zet hem op maximaal 45 minuten en studeer tot de wekker afgaat.
- [ ] Beloon jezelf met iets leuks tijdens je pauze.
- [ ] Internet heeft een hoop sites die je kunnen helpen met overhoren, uittreksels, enzovoort.
- [ ] Zonder agenda kun je geen planning maken. Zorg dat je er één hebt en houd hem goed bij.
- [ ] Houd jezelf actief. Als je alleen leest, zwakt je concentratie af. Schrijf een uittreksel, onderstreep, maak schema's of loop door de kamer als je iets probeert te onthouden.
- [ ] Maak een samenvatting. Het maken van een samenvatting lijkt veel tijd te kosten, maar uiteindelijk begrijp je de stof beter en bij latere overhoringen kun je alleen het uittreksel leren.
- [ ] Probeer de stof echt te begrijpen. Als je bepaalde onderwerpen niet snapt, lees ze dan nog een keer en pak je aantekeningen erbij. Indien je het dan nog niet begrijpt, vraag dan om hulp. Dit gaat natuurlijk beter als je er niet de avond van tevoren aan begint!
- [ ] Probeer de stof te begrijpen en stamp alleen de rijtjes die gevraagd zullen worden.
- [ ] Zorg dat je je goed kunt concentreren. Voor iedereen is dit anders. Zoek naar jouw beste omgeving. Soms helpt een muziekje op de achtergrond, maar voor sommigen is een rustige omgeving het beste.
- [ ] Overhoor jezelf. Zodra je het gevoel hebt dat je de stof kent, ga je kijken of dat ook echt zo is. Je kunt jezelf bijvoorbeeld vragen stellen en hardop antwoorden. Ook kun je opdrachten uit het boek nogmaals maken. Dit werkt zeker goed bij wiskunde, maar bij andere vakken is het eveneens een goed hulpmiddel. In sommige boeken staat aan het begin van het hoofdstuk wat je uiteindelijk allemaal moet weten. Deze punten zullen zeker terug komen in een repetitie.
- [ ] De meeste smartphones bieden goede tools die helpen bij het plannen en organiseren. Welke applicaties heb jij en welke gebruiken mensen in je omgeving? Kies er twee en oefen er eens mee.

Hoe is mijn weekplanning?

Bij goed studeren hoort een goede weekplanning. Wanneer studeer jij en welke verplichtingen en hobby's heb je in de week? In de training gaan we kijken of je een goede weekindeling hebt waarbij inspanning en ontspanning elkaar afwisselen.

Vul het weekschema voor de komende week in.
Vul in wat je allemaal gedaan hebt. In het schema staat een voorbeeld van hoe je dat kunt doen.

- Tel op hoeveel tijd je per dag besteedt aan huiswerk en schrijf dit op onderaan het schema.

- Tel op hoeveel tijd je per dag besteedt aan ontspanning en schrijf dit op onderaan het schema.

Deze opdracht maak je thuis. Na het bespreken van het weekschema in de volgende sessie bepaal je of je wat wilt veranderen in je weekindeling.

Ik wil graag het volgende veranderen in mijn weekindeling:

_____

_____

_____

_____

_____

_____

Weekschema

VOORBEELD	DAG	DAG	DAG	DAG	DAG	DAG	DAG
7.00 wakker							
8.00 naar school							
16.15 uit							
17.00 voetbal							
18.30 studeren							
19.00 eten							
20.00 studeren							
21.00 tv kijken							
21.30 naar bed							
Tijd huiswerk							
Tijd ontspanning							

Sessie 5
Positief denken over jezelf

Achtergrondinformatie

Ieder mens heeft positieve eigenschappen en eigenschappen waar hij of zij minder blij mee is.
Veel mensen met faalangst denken alleen maar negatief over zichzelf. In de derde sessie hebben we geleerd dat het juist belangrijk is dat je positief denkt. We hebben toen geoefend met de 4-G's.
Je zult wel begrijpen dat positief denken over jezelf veel invloed heeft. Als je denkt: 'ik ben nergens goed in' heeft dit invloed op je gevoel en je gedrag. Je komt dan weinig zelfverzekerd over. Als je denkt: 'ik ben goed in sport en ik hoef niet alles goed te kunnen', voel je je zekerder en zul je je ook zo gedragen.

Om zelfvertrouwen te hebben, heb je dus zelfkennis nodig. Je moet weten waar je goed in bent en welke eigenschappen je minder leuk vindt aan jezelf. Zo bouw je aan een realistisch zelfbeeld.

Positieve eigenschappen
Er zijn wel honderden positieve eigenschappen op te noemen. Neem eens iemand in gedachten die je graag mag. Omcirkel welke eigenschappen je in die persoon herkent.

Neem nu eens andere kleur pen en omcirkel welke eigenschappen je in jezelf herkent. Omcirkel er minimaal 4.

sociaal geduldig flexibel levendig slim dapper behulpzaam speels krachtig vastberaden vrijgevig sportief ordelijk avontuurlijk genieter tevreden handig betrokken gedisciplineerd bemiddelaar vrolijk eerlijk begripvol verantwoordelijk bescheiden creatief direct gevoelig overtuigingskracht duidelijk grappig ambitieus inlevingsvermogen gezellig doorzetter luistervaardig zelfstandig spontaan enthousiast optimistisch positief assertief ijverig mild evenwichtig zorgzaam betrouwbaar serieus

Neem de 4 eigenschappen die bij jou passen over uit de illustratie en schrijf ze in het onderstaande schema. Kun je bij elk van deze eigenschappen een voorbeeld uit je verleden beschrijven waaruit die eigenschap blijkt?

KWALITEIT: Spontaan

Ik vind mijzelf spontaan, omdat ik makkelijk op andere mensen af stap en een praatje maak. Vorige week had ik een feestje bij mijn nichtje. Ik heb contact gemaakt met haar vriendinnen en uiteindelijk hebben we nummers uitgewisseld.

Valkuilen

In deze training spreken we niet over negatieve eigenschappen. Natuurlijk heeft iedereen eigenschappen die minder prettig zijn voor henzelf of voor hun omgeving, maar we noemen deze minder prettige eigenschappen valkuilen. Kenmerk van een valkuil is dat er altijd een kwaliteit onder verstopt zit.

Als je je ouders gek zeurt over de nieuwste telefoon en je elke keer manieren verzint om de telefoon in je bezit te krijgen, vinden zij jou een drammer. Drammen wordt vaak als vervelend ervaren, maar 'doorzetter' is de kwaliteit die hieronder verstopt zit. Een doorzetter zijn is positief, maar teveel van het goede wordt drammen.

In een schema ziet dit er zo uit:

Neem 1 van de kwaliteiten die je reeds hebt uitgewerkt. Vul onderstaand schema in.

Doseren
Kwaliteiten zijn net als kruiden. Een beetje toevoegen is smaakvol, maar teveel van een bepaald kruid maakt het gerecht minder lekker en soms oneetbaar. Een goede kok is constant bezig met goed doseren.

Ook je eigen kwaliteiten moet je goed doseren. Het is niet erg als je soms uitschiet, dat doet zelfs de beste kok. Belangrijker is het om je kwaliteiten en valkuilen te kennen en erachter te komen wat je moet doen om zoveel mogelijk je kwaliteiten in te zetten.

Huiswerkopdrachten

Vraag aan drie verschillende mensen in je omgeving wat zij jouw drie positieve eigenschappen vinden en vul dat hieronder in.

Beste Tobias,

Voor een training op school mag ik aan drie personen mijn positieve eigenschappen vragen. Wil je hieraan meewerken? Zou je deze eigenschappen voor komende donderdag willen terugsturen? Want dan heb ik weer training. Bedankt!

Groeten, Ties

Persoon 1

Naam:

1. _____
2. _____
3. _____

Persoon 2

Naam:

1. _____
2. _____
3. _____

Persoon 3

Naam:

1. _____
2. _____
3. _____

MIJN POSITIEVE EIGENSCHAPPEN

Werkblad

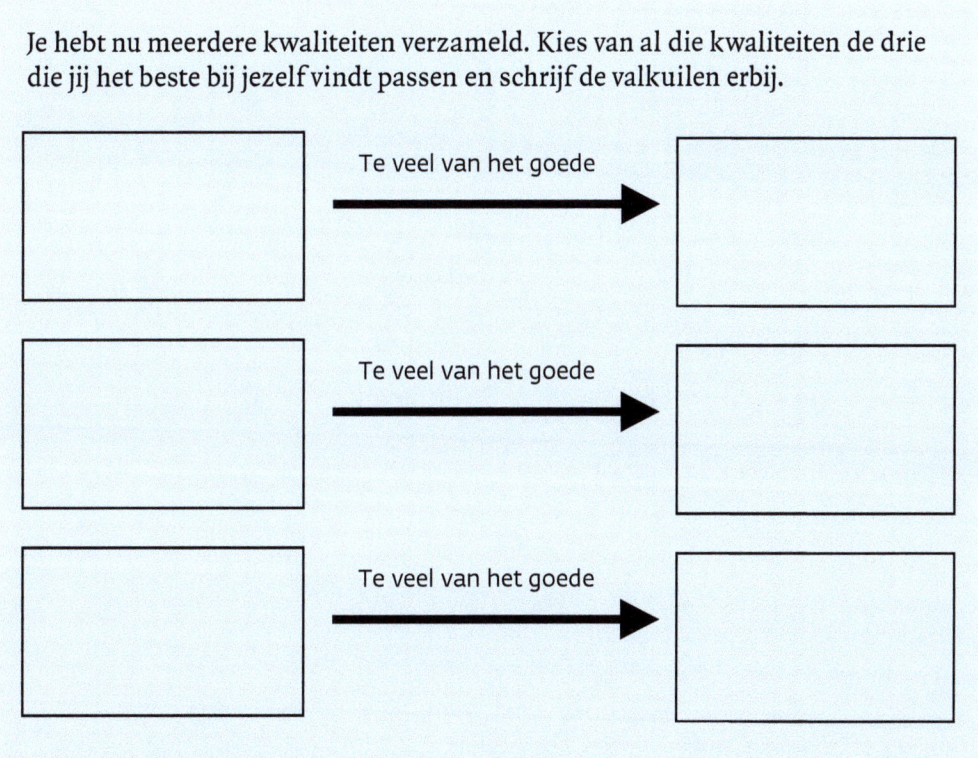

Je hebt nu meerdere kwaliteiten verzameld. Kies van al die kwaliteiten de drie die jij het beste bij jezelf vindt passen en schrijf de valkuilen erbij.

Te veel van het goede

Te veel van het goede

Te veel van het goede

Sessie 6
Ik ben de baas over mijn gedachten!

In sessie 3 hebben we het gehad over de 4-G methode. Door deze methode denk je positiever en heb je minder last van faalangst.

In de training heb je wel gemerkt dat er meerdere positieve gedachten te verzinnen zijn bij een negatieve gedachte. Vandaag gaan we oefenen met het formuleren van meerdere positieve gedachten bij één negatieve gedachte.

> *Op het blad 'Meerdere positieve gedachten' schrijf je een negatieve gedachte die je zelf vaak hebt. Bij deze negatieve gedachte ga je zoveel mogelijk positieve gedachten toevoegen. Probeer eens creatief na te denken!*
> *Uiteindelijk onderstreep je de positieve gedachten waar je het meest in gelooft.*

Deze methode kan je ook 'in je hoofd' doen als je merkt dat je negatieve gedachten hebt. Je probeert jezelf dan te overtuigen met positieve gedachten en houdt de positieve gedachten vast waar je het meest in gelooft.

Werkblad: MEERDERE POSITIEVE GEDACHTEN

Memory Lane

Achtergrondinformatie

Memory Lane is een methode waardoor je beter gaat functioneren. Als je terugdenkt aan een positieve gebeurtenis, voel je je beter. Ons lijf heeft een soort 'reset' knop. Als we in gedachten teruggaan naar een moment uit het verleden, voelen we ons ook weer zoals toen. Denk maar eens terug aan een nare herinnering. Waarschijnlijk ben je binnen een paar tellen droevig. Toneelspelers zijn heel goed in deze techniek. Ze hebben een herinnering voor elke emotie. Hun lijf maakt hormonen aan die ze ook in die situatie hadden. Ze denken niet alleen dat ze droevig zijn; ze voelen het ook.
Natuurlijk kun je deze techniek gebruiken om je droevig te gaan voelen, maar wij raden je aan een positieve reis langs Memory Lane te maken!

Een voorbeeld:
De topscorer van het hockeyelftal moet een strafpush nemen. Het is een belangrijke wedstrijd en hij voelt zijn hart sneller kloppen. Het zal toch niet fout gaan? Snel denkt hij terug aan de strafpush van vorig jaar die hij met een razende snelheid langs de keeper speelde. Opeens voelt hij weer hoe zijn teamgenoten hem omhelsden en ziet hij weer de blijde gezichten van de toeschouwers. Vol zelfvertrouwen loopt hij naar de bal.

Hoe beter jij jouw positieve ervaring kunt herinneren, hoe beter het werkt. Je lijf maakt dan meer positieve hormonen aan. In het kader hieronder staat een oefening die je kan helpen een positieve ervaring goed te herinneren.

> Kun jij je een moment herinneren dat je heel gelukkig was, omdat je zelf vond dat je het goed had gedaan? Het kan zijn dat het op het sportveld was of dat het bij je thuis was. Weet je nog hoe je jezelf toen voelde en waren er anderen bij? En hoe was de stemming? Was iedereen blij of tevreden?
> Je kunt ook een voorbeeld nemen dat op school is gebeurd. Het moment dat je iets moeilijks snapte en de betekenis ervan doordrong. Zie je nog waar je was en in welke klas je zat? Hoe was de sfeer in de klas?
>
> We vragen je nu om een voorbeeld in gedachten te houden.
> Als je het moment goed op je netvlies hebt, ga je rechtop zitten, met beide voeten stevig op de grond. Doe je ogen dicht en neem de tijd om het beeld duidelijk terug te halen. In gedachten ga je terug naar de dag waarop je het fijne moment beleefde. Kijk eens goed in je gedachten rond en probeer alle gedachten en geluiden terug te halen. Misschien kun je je ook wel herinneren wat je op dat moment kon ruiken. Je ondergaat het prettige moment opnieuw. Het gevoel van succes. Leg op je (schrijf)hand het succesgevoel dat je zojuist hebt teruggehaald. Maak van je hand een vuist en klem het gevoel vast zodat je het steeds kunt terughalen.

Verzamel zoveel mogelijk succesmomenten en schrijf ze hieronder op zodat je ze altijd terug kan lezen.

Memory Lane

Sessie 7
Wat straal je uit?

Hoe je je gedraagt, bepaalt voor een groot gedeelte hoe mensen op je reageren. Een leerling die zich zelfverzekerd gedraagt, lokt een andere reactie uit dan een angstig uitziende leerling.

Maaike is een week ziek geweest en weet het huiswerk niet. Ze vraagt met een zachte stem aan haar klasgenoot wat het huiswerk is. Haar klasgenoot heeft niet door dat Maaike tegen haar praat. Zij was iets in haar tas aan het zoeken.

Waaraan herken je iemand met angstig gedrag?

___
___
___
___
___
___
___
___
___

Eline heeft ook een aantal lessen gemist. Ze vraagt duidelijk aan de klassenvertegenwoordiger wat het huiswerk is terwijl die haar aankijkt. Deze wil haar graag helpen en is zo vriendelijk haar eigen aantekeningen te delen.

> **Waaraan herken je iemand met zelfverzekerd gedrag?**
>
> _____
> _____
> _____
> _____
> _____
> _____
> _____
> _____
> _____
> _____

Een zelfverzekerde houding zal het je gemakkelijker maken in het leven. Al voel je je soms angstig, door goed op je houding te letten ga je je zekerder voelen en is de kans groter dat mensen positief op je reageren. Dit is ook het geheim bij presentaties en spreekbeurten. Hoe zekerder je je gedraagt, hoe beter het gaat.

Vandaag ga je bepalen waar jouw aandachtspunten liggen en hoe je je houding kunt veranderen.
Op de volgende bladzijde staat een checklist die je kan helpen.

Zelfverzekerd gedrag

Checklist zelfverzekerd gedrag

- Hoofd rechtop.
- Rug recht.
- Schouders naar achteren.
- Voeten stevig op de grond.
- Kijk personen recht aan.
- Zenuwtrekjes en teveel lachen verraden dat je nerveus bent!
- Als je iemand een hand geeft doe je dat stevig en kijk je de persoon aan.
- Praat duidelijk.
- Een nonchalante houding weert mensen af. Uit je houding blijkt interesse en aandacht.
- Blozen is geen probleem.

Mijn sterke punten:

_____

_____

_____

_____

_____

Waar moet ik op letten:

_____

_____

_____

_____

_____

Oefen regelmatig met je nieuwe zelfverzekerde houding. Eerst voor de spiegel en bij mensen die je vertrouwt. Later ook als je zenuwachtig bent. Merk je het verschil?
In het begin zal het wellicht wat onwennig aanvoelen, maar uiteindelijk zal het je helpen om beter te presteren.

Presenteren

Heb je binnenkort een spreekbeurt of presentatie? Veel kinderen met faalangst zien hier als een berg tegenop. Een groot deel van de volwassenen heeft zelfs in grote of kleine mate last van presentatie-angst. Presenteren kun je echter leren!

Alle oefeningen uit de training kan je toepassen bij het geven van een presentatie. Een buikademhaling kan je prima toepassen als je een korte spreekpauze hebt. De oefening 'Memory Lane' past weer heel goed in de momenten voor jouw presentatie. We hopen dat je inmiddels het positief denken al vaak toepast. In het kader staat een aantal helpende gedachten voor een presentatie.

> **Welke gedachte helpt jou het meest? Vink aan.**
>
> - [ ] Ik heb het thuis goed voorbereid dus waarom zou het voor de klas niet goed gaan?
> - [ ] Het is normaal dat ik zenuwachtig ben, dat hoort er gewoon bij.
> - [ ] Ik heb een faalangsttraining gevolgd en kan mijn zenuwen onder bedwang houden.
> - [ ] Ik heb een onderwerp gekozen dat goed bij mij past en waar ik veel over kan vertellen.
> - [ ] Het is leuk om mensen enthousiast te maken over mijn onderwerp.
> - [ ] Ik heb vrienden in de klas die me helpen als het misgaat.
> - [ ] Ik heb een hele mooie PowerPoint waar ik houvast aan heb.
> - [ ] Het duurt maar 5 minuten en daarna ben ik ervan af.
> - [ ] Ik ben meestal zenuwachtig maar bij de vorige presentaties ging het best goed.
> - [ ] Ik ben bang dat ze me uitlachen maar dat is eigenlijk nog nooit gebeurd in de klas.
> - [ ] Iedereen in de klas komt aan de beurt!

Naast je houding en het positieve denken is er een aantal tips die het je makkelijker kunnen maken. Oefening baart kunst. Met het geven van twee presentaties per jaar oefen je eigenlijk te weinig om een ervaren presentator te worden.

Tips voor een sterke presentatie:
- Trek kleding aan die lekker zit op de dag van de presentatie.
- Bereid de presentatie goed voor en oefen voor je ouders, voor de spiegel en voor wie het maar wil horen!
- Je handen zitten al snel in de weg als je zenuwachtig bent. Oefen met het bewegen van je handen en armen. Op Youtube vind je goede voorbeelden.
- Een belangrijke: Glimlach, lach.
- Kijk de klas in, of over de hoofden heen. Kijk mensen om de beurt aan en zorg dat iedereen het gevoel heeft dat je ze aangekeken hebt.
- Kijk zo min mogelijk naar het scherm en richt je op het publiek.
- Kies welk geheugensteuntje bij jou past. Sommige leerlingen hebben genoeg aan de PowerPoint presentatie, anderen maken een briefje.
- Je hoeft het verhaal niet uit je hoofd te weten. Makkelijker is het als je over elke sheet iets kunt vertellen.
- Korte stiltes zijn prettig. Het zorgt voor tijd om te herstellen en rust in het verhaal.

Veel plezier bij je volgende presentatie!

Tot slot

In deze training heb je verschillende technieken geleerd om je faalangst onder controle te krijgen. Je hebt geleerd hoe je je kunt ontspannen, hoe je positief kunt denken, wat je positieve eigenschappen zijn, hoe je je moet gedragen en hoe je goed kunt plannen. Door het volgen van deze training heb je waarschijnlijk beter geleerd om met je faalangst om te gaan. Je moet nu de dingen die je geleerd hebt in de praktijk blijven toepassen.

In de eerste sessie heb je het werkblad 'Ken je faalangst' ingevuld. Kijk eens terug wat je wilde leren en onderstreep wat gelukt is.

In moeilijke periodes kan het gebeuren dat je faalangst weer de kop opsteekt. Het zal dan helpen om de opdracht 'Eerste hulp bij faalangst' te bekijken. Deze opdracht geeft snel een overzicht van wat je geleerd hebt en laat je zien welke acties je kunt ondernemen.

Eerste hulp bij faalangst

Door het volgen van de training heb je gemerkt dat je door oefenen minder last kunt krijgen van faalangst. Je zult in de toekomst merken dat je faalangst soms weer de kop op steekt. Dit overzicht kan je dan helpen.

Kruis de methoden aan waar je het meest aan hebt gehad.

Ontspannen
- ☐ Door een goede buikademhaling
- ☐ Door ontspanningsoefeningen toe te passen
- ☐ Door te sporten

- ☐ Door _____

Een goede studieaanpak
- ☐ Door positiever over school te denken
- ☐ Door het maken van planningen
- ☐ Door het inbouwen van routine

- ☐ Door _____

Positief denken
- ☐ Door negatieve gedachten te vervangen door positieve gedachten
- ☐ Door een reis langs Memory Lane te maken
- ☐ Door aan mijn positieve eigenschappen te denken

- ☐ Door _____

- ☐ Door te werken aan mijn houding

Wat ik verder nog kan doen om mijn faalangst te laten verminderen:
- Mijn trainingsboekje nog eens doorlezen.
- Contact opnemen met de contactpersoon voor faalangst op school.
- Met mijn ouders of andere volwassenen praten.

Bijlagen

Ook beschikbaar als download.

Bijlage 1 Ken je faalangst

Naam _____

Ik denk dat ik last heb van:
- ☐ Cognitieve faalangst
- ☐ Sociale faalangst
- ☐ Motorische faalangst

Dat denk ik omdat ik:

- _____
- _____
- _____

Door mijn faalangst vermijd ik:

_____
_____
_____
_____

In deze training ga ik me inzetten en wil ik graag het volgende leren:

_____
_____
_____
_____

Handtekening of naam:

_____

Bijlage 2 Tips voor ouders

Hier staan enkele tips beschreven die kunnen helpen uw kind te leren omgaan met faalangst. Het boekje dat in de training gebruikt wordt, bevat veel informatie over faalangst. Vraag uw kind ernaar en lees het door.

Tips

- Zorg voor een afwisseling van inspanning en ontspanning. Bespreek met school hoeveel tijd uw kind gemiddeld aan huiswerk zou moeten besteden.

- Stimuleer sport en hobby's. Let erop dat competitieve sporten voor extra spanning kunnen zorgen.

- Bied structuur. Maak afspraken over de dagindeling, wanneer wordt er gestudeerd en hoe lang. Stimuleer het maken van een studieplanning. Kijk wat haalbaar is.

- Inzet telt en niet het eindresultaat!

- De maatschappij wordt steeds prestatiegerichter, zorg thuis voor een veilige basis.

- Praat over faalangst. Maak duidelijk dat faalangst menselijk is en dat iedereen er wel eens last van heeft. Vertel eventueel over eigen ervaringen en over hoe u ermee omgaat.

- Benadruk de positieve eigenschappen van uw kind, vertel waar hij/zij goed in is. Hierdoor krijgt uw kind meer zelfvertrouwen.

- Zorg ervoor dat uw kind geen taken gaat vermijden. Maak duidelijk dat er geen alternatieven zijn. Het hebben van faalangst is geen reden om niet naar school te gaan, of om bijvoorbeeld spreekbeurten te vermijden.

- Vergelijk de prestaties van uw kind niet met die van broers, zussen, of anderen. Vergelijk wel met vorige prestaties van uw kind.

- Zeggen dat een kind niet bang hoeft te zijn, helpt niet. Het kind is bang. Help een kind deze angst aan te pakken.

- Geef als ouder het goede voorbeeld. Laat zien dat u ook wel eens fouten maakt, of ergens niet goed in bent. Laat zien dat de wereld dan niet vergaat.

- Werk samen met school.

Literatuurlijst

American Psychiatric Organization. (2014). *DSM-V (Diagnostic and statistical manual of mental disorders)*. Amsterdam: Boom uitgevers.

Aron, E.N. (2008). *Het hoog sensitieve kind, help je kinderen op te groeien in een wereld die hen overweldigt*. Amsterdam: Bruna uitgevers A.W.

Beck, J.S. (2013). *Cognitieve gedragstherapie. Theorie en praktijk*. Amsterdam: Nieuwezijds B.V.

Bergen, T., Boullie,M. (1995). *Situatie specifieke angst test*. Hoevelaken: Christelijk pedagogisch studiecentrum (CPS).

Bokhove,N. (2006). *Kinderen en ... omgaan met faalangst*. Amersfoort: Kwintessens.

Braet, C., Bogels, S. (2008). *Protocollaire behandeling voor kinderen met psychische klachten*. Amsterdam: Boom Cure and Care.

Cohen de Lara-Kroon, E.N., Efferen-Wiersma, van, E.S. (2009). Faalangst. *Kind en adolescent praktijkreeks, psychosociale problemen*, 53:59.

Hermans, H.J.M. (1976). *Handleiding Prestatie en motivatie test voor kinderen (PMT(-K))*. Amsterdam: Pearson.

Illman, J. (2005). *Angst te lijf*. Houten Unieboek.

Lahr, P., Rijkee D. (2012). *Eerste hulp bij faalangst*. Amersfoort: Kwintessens.

Levine, P.A. (2008). *De tijger ontwaakt, traumabehandeling met lichaamsgerichte therapie*. Haarlem: Altamira.

Litiere, M.(2007). *Ik kan dat niet zegt mijn kind, omgaan met faalangst bij kinderen*. Tielt, België: Lannoo.

Molden, D., Hutchinson, P. (2015). *Het complete NLP werkboek*. Oosterhout: Deltas centrale uitgeverij. Oosterhout.

Nieuwenbroek, A., Ruigrok,J. (2004). *Handboek faalangsttraining*. Oirschot, België: Quirijn.

Nieuwenbroek, A. (1991). *Help faalangst*. 'S Hertogenbosch: KPC groep (Katholiek pedagogisch centrum).

Ofman, D. (2010). *Hé, ik daar...?! Ontdek en ontwikkel je persoonlijke kernkwaliteiten met het kernkwadrant*. Utrecht/Antwerpen: Kosmos Uitgevers.

Prinsen, H. (2010). *Help! Mijn kind heeft faalangst*. Houten: Bohn Stafleu van Loghum.

Sanders, D., Broeke, ten, E., (2011). EMDR bij de behandeling van een negatief zelfbeeld. *Psychopraktijk*, juni 2011, 3:19.

Smits, J. A. E., Vorst, H. C.M. en Universiteit Amsterdam (2008). *Handleiding SVL, schoolvragenlijst*. Amsterdam: Pearson.

Stallard, P. (2002). *Denk goed – voel je goed. Werkboek cognitieve gedragstherapie voor kinderen en jongeren*. Amsterdam: Nieuwezijds B.V.

Visser, S. Reinders,M. (2015). *Protocollen voor de GGZ, cognitieve gedragstherapie bij somatisatie*. Houten: Springer Media B.V.

Zalm-Grisnich. (2009). *De bibbers de baas, faalangsttraining voor kinderen*. Houten: Bohn Stafleu van Loghum.

Over de auteurs

Drs. Petra Lahr heeft een zelfstandige praktijk in Rotterdam. Na de studie verpleegkunde heeft zij de studie orthopedagogiek aan de Universiteit Leiden afgerond. Petra is gespecialiseerd in ouderbegeleiding, faalangst, autisme en pestproblematiek. Naast de behandeling van kinderen en jongeren komen ook volwassenen naar haar praktijk. Petra is gedreven oplossingen te zoeken op een positieve manier. Samen in gesprek gaan met ouders, kinderen en volwassenen om professioneel aan de slag te gaan. Veel klanten hebben diagnoses, zoals autisme, waarbij het lijkt alsof er geen mogelijkheden zijn. Maar door positief te blijven en problemen vanuit een ander perspectief te bekijken, ontstaan mogelijkheden.

Drs. Daphne Rijkée werkt vanuit haar eigen praktijk in Rotterdam als zelfstandig gedragsdeskundige met zowel jongeren als volwassenen. Na haar opleiding Orthopedagogiek aan de Universiteit van Leiden heeft zij ervaring opgedaan in het bedrijfsleven en de zorg. Vanuit respect en betrokkenheid en met een dosis humor begeleidt zij mensen naar een punt van waaruit ze zeggen dat het ze sterker heeft gemaakt en er ook daadwerkelijk iets is veranderd. Daphne is in te schakelen voor de individuele begeleiding van mensen met faalangst en andere psychosociale problematiek. Daarnaast werkt zij als mediator.

If you have any concerns about our products,
you can contact us on
ProductSafety@springernature.com

In case Publisher is established outside the EU,
the EU authorized representative is:
Springer Nature Customer Service Center GmbH
Europaplatz 3, 69115 Heidelberg, Germany

Printed by Libri Plureos GmbH
in Hamburg, Germany